Katrin Weber
mit Stefan Schwarz

Sie werden lachen

atb aufbau taschenbuch

Katrin Weber, geboren in Plauen (Vogtland), studierte an der Hochschule für Musik in Dresden. Zahlreiche Hauptrollen, u. a. in »My Fair Lady«, »Cabaret« und »Evita«. Neben ihren Kabarett-Soloprogrammen ist sie im MDR als Sängerin und Moderatorin zu sehen.

Stefan Schwarz wurde mit Kolumnen und Satire-Romanen über das zeitgenössische Familienleben aus der Sicht von Männern bekannt (»Hüftkreisen mit Nancy«, »Die Großrussin«). Zuletzt erschien »Fiese Viecher«. Er lebt in Leipzig.

Die kleine Katrin hatte es schwer. Zu dick, zu langsam, zu dusselig: Stehen, Laufen, Sprechen, Singen, die Liebe – mit allem war sie später dran als ihre Altersgenossen. Bis aus dem hässlichen Entlein im Kindergarten des VEB NARVA Glühlampenwerkes Plauen der strahlend schöne Schwan im Scheinwerferlicht der sächsischen Bühnen wurde. Mit Witz, Charme und sächsischer Schnauze glänzt Katrin Weber nach ihrer Gesangsausbildung und zahlreichen Musical- und Fernsehrollen heute überwiegend im Kabarett.
»Schwarze Augen – Eine Nacht im Russenpuff«, »Solo« und »Nicht zu fassen« heißen ihre umjubelten Programme. Außerdem steht sie als Entertainerin und Sängerin auf der Bühne. In ihrem ersten Buch erzählt Katrin Weber von den Gipfeln und Abgründen des Showlebens.

KATRIN WEBER

mit Stefan Schwarz

SIE WERDEN LACHEN

Größtenteils schonungslose Erinnerungen

atb aufbau taschenbuch

MIX
Papier | Fördert gute Waldnutzung
FSC® C083411

ISBN 978-3-7466-3647-4

Aufbau Taschenbuch ist eine Marke der Aufbau Verlage GmbH & Co. KG

4. Auflage 2025
Vollständige Taschenbuchausgabe

www.aufbau-verlage.de
10969 Berlin, Prinzenstraße 85
Die Originalausgabe erschien 2017 bei Aufbau, einer Marke der Aufbau Verlage GmbH & Co. KG

Umschlagestaltung zero-media.net, München
unter Verwendung eines Fotos von © Clementine Photography
Satz LVD GmbH, Berlin
Druck und Binden CPI books GmbH, Leck, Germany

Printed in Germany

Frank oder Katrin?

Eine kleine, aber vielsagende Vorgeschichte von Stefan Schwarz

Es war einmal ein Spermium, das hieß Frank. Das ist jetzt ein bisschen unglücklich formuliert, aber es trifft doch den Kern der Sache. Denn natürlich hieß das Spermium nicht so, sondern das, was aus ihm geworden wäre, hätte später Frank geheißen. Sie merken aber schon an dieser seufzenden Wortwahl, dass es mit dem Spermium, das später Frank geheißen hätte, nicht gut ausgehen wird. Hängen Sie also nicht Ihr Herz dran!

Außerdem war es ja auch nicht das einzige Spermium, das später Frank geheißen hätte. Viele ebenso Einzigartige waren mit ihm zusammen unterwegs, um später, wenn möglich, Frank zu heißen. Sie müssen sich mal die Verwirrung vorstellen, die ausbrach, als ein Spermium das andere fragte: »Und du? Weißt du schon, was du später mal werden willst?«, und das so Angesprochene stolz antwortete: »Ich will ein Junge werden und Frank heißen!« Ein paar Millionen Köpfe gingen in diesem Moment herum und alle schrien los: »Hä? Ich will aber auch ein Junge werden und

Frank heißen!« Und kaum, dass sie es geschrien hatten, drängelten sie los. Jeder wollte der Erste sein.

Lassen Sie dieses Bild ruhig einmal auf sich wirken. Ist es nicht ein Gleichnis unseres ganzen Lebens? Obwohl alle Menschen gleich sind, wollen alle was Besonderes sein. Verrückt, nicht?

Aber zurück zu unserem Spermium, denn dieses war nach langem Drängeln und Schwänzeln ganz vorne dran. Schon flimmerte das Rund der Eizelle vor ihm, und das Spermium wusste jetzt, es würde sie als Erster und damit auch als Einziger befruchten, um ein Frank zu werden! Es hatte diesen mörderischen Wettbewerb gewonnen! Alle anderen würden sterben! Es würde leben. Als Frank. Immer schlank und niemals krank. Der Frank. Der mit dem Geld auf der Bank. Der mit dem Anzug im Schrank. Der mit dem Sprit im Tank. Einfach Frank.

Aber in diesem Moment hörte das Spermium, das später Frank geheißen hätte, eine Stimme. Keine dieser murmelnden, nuschelnden Stimmen, die es in den Stunden zuvor gehört hatte. Nein, eine Stimme wie eine singende Säge, stählern und kapriziös, pöbelte hinter ihm herum: »Sie brauchen überhaupt nicht so beleidigt zu gucken! Ich habe Sie höflich gebeten, etwas beiseite zu schwimmen, und mir nicht mit Ihrem Hinterteil in meinem Gesicht herumzuwedeln! Eine Zumutung! Doch! Das ist mir zu dicht! Ich möchte das nicht! Ich muss etwas Abstand gewinnen! Ja, ich bin auch erschöpft. Reden Sie nicht: Ich bin genauso lange unterwegs wie Sie! ...«

Ungläubig sah sich unser Möchtegern-Frank um. Und dann sah er es: Ein aufgeregt zappelndes Spermium drängelte sich durch die vordersten Reihen. Ein völlig neurotisches, aber offenbar nicht sehr schüchternes Spermium, das offenbar an Platzangst litt! Hatte es so was schon mal gegeben? Fassungslos starrte unser Spitzenspermium, das Sie hoffentlich nicht doch schon ein bisschen liebgewonnen haben, auf das Zickenspermium hinter ihm. Und wie es so starrte, merkte es gar nicht, wie sich seine Schwimmbewegungen verlangsamten und es ein bisschen aus der Spur geriet. Erst als die riesige runde Eizelle wie ein Planet an ihm vorüberglitt, begriff das Spermium, dass aus ihm nicht der beste Frank aller Zeiten werden würde, sondern es endgültig vom Kurs abgekommen war. Das Letzte, was es hörte, war der Koloratursopran des Zickenspermiums, das ihm hinterherrief: »Hallo junger Mann, wo wollen Sie denn hin? Hier spielt die Musik! Hat man da noch Worte! Schwimmt der einfach vorbei! Na gut, dann mache ich das hier mal klar, oder? Was dagegen? Wär itze aah ä weng spät!«

Meine Eltern ahnten natürlich von dem Drama, das sich zwischen dem Spermium, das später vielleicht Frank geheißen hätte, und dem, was später mal eine etwas komplizierte Zeitgenossin namens Katrin werden sollte, nichts. Absolut nichts. Die machten einfach miteinander rum. Aus Neugier. Und wegen der Hormone. Wenn zwei junge Menschen mit zu viel Neugier und zu vielen Hormonen aufeinandertreffen, dann passiert das. Das ist eine ganz gefährliche Konstellation.

Meine Eltern waren jedenfalls noch sehr jung, als sie mich machten. Etwas zu jung für meinen Geschmack. Meine Eltern waren nämlich so jung, dass ich ihnen verboten hätte, mich zu machen, wenn ich schon was zu sagen gehabt hätte. Die waren noch nicht mal ganz volljährig! Wer will denn junge Eltern! Das ist ganz schlecht für ein Kind. Junge Eltern haben noch Nerven, aber kein Geld. Andersrum ist es entschieden besser. Keine Nerven und viel Geld. Jedes Kind will alte Eltern, die sofort sagen: »Nerv nicht, hier, kauf dir ein Eis!«

Sagen wir mal: Zehn Jahre später hätten sie mich gerne haben können. Dann wäre ich jetzt zehn Jahre jünger. Ganz ohne Kosmetik, einfach nur, weil Mutti und Vati sich mit was anderem die Zeit vertrieben hätten als mit sich.

Aber egal. Der Käse ist gegessen.

Denn dann hatten sie mich – und nie wieder Langeweile, was übrigens erklärt, warum ich ein Einzelkind bin.

Geboren – angefroren

Meine Geburt ging schon sehr unlangweilig los. Neun Monate später sagt nämlich meine pralle Mutti zum Vati: »Ich glaube, es geht los!« Und was macht der Vati? Er geht los. Und kommt nicht wieder. Meine Mutti liegt in den Wehen, und die Abstände werden immer kleiner, und ihre Sorge wird immer größer. Wo bleibt ihr Klaus? Er wollte doch nur telefonieren gehen?? Einen Krankenwagen holen??? Das kann doch nicht so lange dauern????

Aber halten wir mal kurz inne: Es ist der 15. Januar 1963. Klirrekalter Vogtlandwinter. Nicht so ein verlängerter Herbst wie heutzutage. Dachlawinen verschütten jeden, der die Haustür zu hart ins Schloss fallen lässt. Meterlange Eiszapfen hängen wie Damoklesschwerter von den Regenrinnen. Ist Klaus beim Stapfen durch den Schnee auf eine liegengebliebene Schneeschaufel getreten und liegt nun ohnmächtig in den Schneewehen, während seine Liebste in den ihren liegt? Oder hat er trotz der Stiefel kalte Füße bekommen? Klaus ist noch jung, und so ein Kind heißt ja nicht nur Frank oder Katrin, sondern auch Verantwortung. Ist ihm plötzlich alles zu viel geworden? Will er womöglich rübermachen? In den Westen? Das ostdeutsche Plauen liegt dreißig Kilometer von der westdeutschen Grenzstadt Hof entfernt.

Nein, Vati ist noch da. In der Telefonzelle. Dornenhecken aus Eisblumen haben die Scheiben überwuchert, und das ist auch gut so, denn der angehende Vati verhält sich etwas seltsam. Er krümmt sich und biegt sich. Er knurrt und flucht.

Was hat er denn nur?

Folgendes war geschehen: Schweißnass vor Aufregung und Eile war der Vati in die Telefonzelle gestürmt, hat den Telefonhörer ans Ohr gepresst und die Vermittlung angerufen, und die Vermittlung hatte ihn zum Krankenhaus vemittelt, die Zentrale vom Krankenhaus hatte ihn an die Gynäkologie und die Gynäkologie zur Rettungsstelle weiterverbunden. Aber da war es schon zu spät. Als Vati erleichtert den Telefonhörer sinken lassen wollte, sank der Telefonhörer nicht. Er war nämlich angefroren. Am schweißnassen Ohr. Das war jetzt aber blöd! Beim Notarztrufen selber zum Notfall geworden. Das ist ja, als wenn der Koch in die eigene Suppe fällt. Als wenn ein Metzger sich selber durch den Fleischwolf dreht. Als wenn ein Polizist sich selbst beim Verbrechen ertappt.

Jetzt nicht durchdrehen, lieber Vati. Ein Kind bekommen und dabei ein Ohr verlieren ist ein schlechter Handel. Ohne Ohr ist alles nur halb so schön, und die Brille sitzt immer schief. Doch die Zeit drängt, denn zu Hause hechelt sich die Liebste durch die Wehen und sorgt sich kalten Schweiß auf die Stirn.

Was wird er tun?

Über das Ende dieser Kalamität existieren verschiedene Berichte. Die einen sagen, Klaus Weber habe den Telefonhörer kurzerhand abmontiert und sei mit ihm am Ohr wieder nach Hause gelatscht, wo er eine Viertelstunde am Kachelofen habe horchen müssen, bis er wieder frei war. Andere meinen, der mit allen Wassern gewaschene Elektroinstallateur habe den ganzen verdammten Apparat kurzgeschlossen, um die Hörmuschel zum Glühen und damit zum Abfallen zu bringen.

Ich denke, das war ein Vorzeichen. Wir kennen das von Heiligen. Bei deren Geburt fliegen Kometen vorbei, oder das Lamm legt sich zum Löwen. Und bei mir friert dem Vati erst mal das Telefon ans Ohr. Wie sich herausstellen sollte, war das kein Zufall. Es würde so weitergehen. Es wird Missgeschicke prasseln und Peinlichkeiten, dicht an dicht. Und alles nur für einen höheren Zweck.

Was Sie hier in der Hand halten, ist ja nicht nur eine kleine Lebensbeichte, es ist auch ein Stückchen Weisheit. Dieses Buch will Ihnen sagen: Wenn etwas schiefgeht oder Sie vom Weg abkommen, dann manchmal nur, damit Sie nicht geradewegs in Ihr Unglück rennen! Wer dauernd in Fettnäpfchen tritt, bei dem läuft es irgendwann wie geschmiert! Wenn Sie eine einzige Katastrophe sind, dann haben Sie ein Alleinstellungsmerkmal! Also lehnen Sie sich zurück, und genießen Sie meine Lebensreise vom Dussel zur Diva.

So. Erst mal sagen aber alle »Nu wo isse denn? Nu wen hammor denn do?« zu dem kleinen fetten, schwarzen Wonneproppen, der nicht zu übersehen ist, weil ihn Mutti sechsmal am Tag mit dem ostdeutschen Milchpulver Babysan volltankt. Bis zum Rand. (Für alle Spätgeborenen: Nicht aus Not! In den Sechzigern galt es als altmodisch und ungesund, seinem Neugeborenen das olle Zeug aus der Brust anzubieten.) Ich bin bald so pausbäckig, dass ich kaum noch die Augen aufkriege. Meine Schlitzaugen lassen den Vati kurz zweifeln, ob nicht doch eher ein durchreisender Chinese die Zeugung für sich beanspruchen kann. Mehr noch: Babysan-Katrin ist bald so moppelig, dass man sich des Eindrucks nicht erwehren kann, ich hätte schon im ersten Lebensjahr das Gewicht bekommen, das ich heute noch habe.

Ein Nebeneffekt dieser reichhaltigen Ernährung ist, dass meine Polsterbeine nur schwer in Gang zu bringen sind. Da kann Mutti noch so willkommen in der Zimmermitte hocken und »Komm zur Mutti! Nu komm ner mal her ze mir« locken, Katrin Specki Polsterrolle klammert an der Kommode und weiß, wenn sie jetzt loslässt, liegt sie auf der Gusche. Ein Baby-Rollator, das wär's jetzt! Bald werde ich einen haben. In Gestalt des Puppenwagens. Wo immer ich ab jetzt hingerufen werde, erscheine ich mit dem Puppenwagen. Überall erzählt man sich, die kleine Webern sei rein närrisch mit ihren Puppen. Aber das stimmt natürlich nicht. Ich brauche einfach was zum Festhalten! Mich muss die Mutti im Garten nicht lange suchen. Entweder stehe ich an einem Baum. Oder ich stehe an der Bank oder an einem Zaun. Ich bin niemals freihändig unterwegs.

Selbst in der Krippe wird man mich noch im Haltegriff an der Kinderwagenseite finden, finster mit den fetten Beinen nebenherstampfend, während alle anderen Krippenkinder brav aufgereiht im Krippenwagen sitzen, die Sonnenmützchen unterm Kinn festgebunden, und das Geschobenwerden genießen wie erst in achtzig Jahren wieder. Ist es nicht eine schreiende Ungerechtigkeit, dass ich, die Einzige weit und breit mit einer veritablen, nicht altersgerechten Gangunsicherheit, nebenherlaufen muss?

Na ja, nicht unbedingt. Das kleine Wuchtbrummelchen ist ä weng unverträglich. Im Krippenwagen sitzen möchte ich schon, aber nicht mit dem anderen Kleinkinderpack. Die sollen gefälligst raus. Neben mir und vor mir hat gleich überhaupt niemand zu sitzen. Und während die Krippentante noch dem letzten Zögling die Jacke zuknöpft, habe ich im Krippenwagen schon die anderen weggedrückt und weggeschoben, bis alle möglichen Beisitzer im Dreck liegen und plärren. Deswegen muss ich jetzt nebenherlaufen wie die Bodyguards am Cabriolet des Präsidenten.

Als wäre das nicht schon schlimm genug, baumeln die Handschuhe an der Strippe, die durch meine Jackenärmel gezogen ist, weil ich sie sonst immer verliere. Und im Nacken kratzt das Etikett. Alles etwas unschön, finde ich, was deutlich an meiner finsteren Miene abzulesen ist. Ist so das Leben? Dass immer etwas zwickt und kratzt?

Sagte ich schon, dass dies eine Wochenkrippe ist? Ich muss in die Wochenkrippe, weil Mutti Weber von Montag bis Freitag zehn Stunden und Samstag bis Mittag arbeitet und Vati Weber zur Armee eingezogen wurde, um mit der Waffe in der Hand das Land zu beschützen, in dem Muttis ihre Kinder in die Wochenkrippe geben können, um von Montag bis Samstag zu arbeiten. Das ist so ein bisschen wie Kinderheim mit Unterbrechung. Gerade, wenn man vergessen hat, dass man aus einer Familie stammt, holen die Eltern einen ab und machen das ganze Wochenende Spaß mit einem, damit man am nächsten Montag so richtig die Krise kriegt, wenn es wieder für fünf unendliche Tage in die Wochenkrippe geht. Wochenkrippen sind das Geschenk des Ostens an die Psychotherapeuten des Westens.

Gott sei Dank kommt Vati nach anderthalb Jahren zurück von der Armee, und ich kann ganz normal in den Kindergarten gehen. Gemeinsam gehen Mutti und Katrinchen morgens um sechs durch das Werktor, und es gibt ein Küsschen. Die meisten Muttis gehen dann nach rechts und die Kinderchen nach links. Der Kindergarten befindet sich nämlich auf dem Werksgelände. Der rote Klinkerziegelbau mit dem Charme einer kaiserlichen Frankieranstalt führt den seriösen Namen »Kindergarten des VEB NARVA Glühlampenwerks Plauen«. Nicht etwa »Die süßen Leuchtkäfer« oder »Glühwürmchen«, nein, »Kindergarten des VEB NARVA Glühlampenwerks Plauen«! Unnötig zu sagen, dass er nicht den Geist von Maria Montessori atmet. Zweck dieser Tagesstätte ist die trockene und ordnungsgemäße Aufbewahrung des Kindes bis zum Zeitpunkt der Rückforderung durch den rechtmäßigen Eigentümer. Lernziele sind das Stillsitzen und das Stillliegen. Bei Bedarf können Grünpflanzen in einem illustrierten Pappbuch betrachtet werden. Nötiger Sauerstoff wird beim geführten Spaziergang rund um das Fabrikgelände eingeholt. Wer nicht brav ist, kommt in die Gruppe der grausligen Kindergärtnerin Frau Schaarschmidt, bei der man sogar noch den Apfelgriebsch mitessen muss. Sie fragen sich jetzt, woher ich das so genau weiß? Ich war so oft bei Frau Schaarschmidt in der Gruppe, dass ich bis heute zwanghaft die Kerngehäuse von Äpfeln mitesse.

Der »Kindergarten des VEB NARVA Glühlampenwerks« ist der passende Ort für meine sich dynamisch entwickelnden Neurosen, immerhin komme ich schon leicht überspannt aus der Wochenkrippe. Ich bin noch nicht lange Kindergartenkind, als ich schluchzend und schnotternd in der Garderobe sitze, weil meine Sonnenbrille weg ist.

»Mei Sonnebrill is weg. Isch hab scho überall gesucht. In dor Dasch isse aah net«, plärre ich die Kindergartentanten an, die sichtlich nicht bereit sind, mein Leid zu teilen, und stattdessen amüsiert mit verschränkten Armen in der Tür stehen. »Die scheene Sonnebrill! Die ho isch gestern erst gekrischt! Jetzt kriesch isch net so schnell widdor aane!«, kantiliere ich schmerzensreich zur Zimmerdecke, während die Tanten mit den eisernen Herzen noch Kolleginnen heranholen, um sich an meinem Unglück zu weiden. Schließlich sammeln sich sogar Kinder an ihren Beinen, um mit Fingern auf mich zu zeigen. Kleine, schadenfrohe Wichte! Garstiges Gesindel! Schande des Vogtlands!

Nach zwei, drei Minuten beginnt mich der seltsame Kontrast zwischen meiner und ihrer Verfassung aber dann doch zu irritieren, und ich komme nicht umhin, ihren Blicken und Fingerzeigen Achtung zu schenken.

Denn: Die Sonnenbrille sitzt auf meinem schwarzen Nischel, dem damischen.

Nun, es handelt sich hier um eine früh erkennbare Neigung zum Charakterfach! Es mag ja Kinder geben, die gern alles in sich reinfressen. So bin ich nicht. Wozu hat uns der Herrgott Miene und Gebärde gegeben, wenn nicht um ausdrucksvoll zu verzweifeln? Die Erzieherinnen müssen nicht lange nachdenken, wer beim Singspiel »Dornröschen war ein schönes Kind ...« oder »Hänsel und Gretel« die böse Fee oder die böse Hexe geben muss. »Das macht unsere Katrin, der klaane schwarze Deifl, die kaa des gut.«

An dieser Stelle wäre es Aufgabe meiner Eltern gewesen, mir den Glauben an den eigenen Liebreiz zurückzugeben. Chancen gab es genug.

Ich sage nur Fasching. Wir alle wissen, dass Fasching für Kinder nicht das Fest ist, wo sie sich besonders originell verkleiden wollen. Fasching ist für Kinder das Fest, wo die Jungs entweder als Cowboy oder Indianer und die Mädchen entweder als goldfarbene oder rosafarbene Prinzessin erscheinen wollen. So will es das ungeschriebene Gesetz der Kinderseele.

Schon Wochen vor dem Fasching bete ich, dass meine Mutter diesmal erst kurz vor knapp daran denken, dann schnell ins Kaufhaus eilen und dort den handelsüblichen Prinzessinnenkram einkaufen möge. Vergeblich. Das unerbittliche Schicksal eines Einzelkindes erwartet mich.

Meine allzu jungen Eltern rafften jeden Februar all ihre Originalität und Kreativität zusammen und nähten und bastelten los. Das Ergebnis hätte unerwünschter nicht sein können. Während am Faschingsdienstag zwei Dutzend allerliebste Prinzessinnen zarten Fußes mit viel Knicks und Hoheit in den Kindergarten treten, ganz geschwächt vom Entzücken über die eigene Schönheit, muss ich, als buntscheckiges Kasperle, als gestiefelter Kater, schließlich sogar als Chinese (Sie erinnern sich gnädigerweise an meine Schlitzaugen!) mit einem Pappdeckel als »Strohhut« verkleidet, unter den Luftschlangen hindurch. Hineingezwängt in maskuline Rollenbilder, schmachte ich nach elektrostatischen Kunststoffperücken und billigem Tüll. Es ist, als wenn Frank, das Spermium, am Ende doch noch gewonnen hätte. Und dann passiert auch noch ein Unglück! Bei der Polonaise, dieser sterbenslangweiligen, per Schultergriff gefügten Menschenkette, fällt mir mein Chinesenfächer aus den Patschehändchen! Das einzige Accessoire, das mir etwas galt! Ein Viertelchen bedrucktes Faltenpapier, mit dem ich mir bei Bedarf etwas Femininität zufächeln konnte! Er fällt zu Boden und die vogtländischen Kindertrampel mit ihren karierten, gepolsterten Fußkloben stampfen achtlos darüber hinweg und darauf herum. Natürlich plärre ich los, und natürlich werde ich beiseitegezogen, damit mein Plärren das Schlurfen und Schleppen der dämlichen Polonaise nicht stört.

Es ist ein Vorfall von so alptraumhaften Ausmaßen, dass ich wahrscheinlich an jenem Tag beschließe, eine Diva zu werden! Jemand, der seine Existenz als feine Dame mit Zähnen und Klauen verteidigt. Ich werde Abstand halten von den Grobianen und mich in Sphären aufhalten, wo der Handkuss und der galante Arm praktiziert werden! Dass ihr es nur wisst ...!

Einmal, ein einziges Mal darf ich als Rotkäppchen gehen. Nicht als Schneewittchen mit meiner Haut wie Schnee und meinem Haar wie Ebenholz, das lag wohl zu nahe. Nein, als Rotkäppchen. Offenbar ist meinen Eltern entgangen, dass ich vor allem, was Rot ist, panische Angst habe. Es ist ja die Zeit der ersten industriell hergestellten Weihnachtsmannmasken, und niemand kann ermessen, welchen Schrecken diese Pappmachélarven in das Herz eines kleinen Mädchens senken. Mit der Maske sieht der Weihnachtsmann aus wie ein mit Watte umwickelter Schweinskopf mit Beulenpest, und auch wenn dieses Ungeheuer ungeheuer nett sein soll und kleinen Kindern angeblich Geschenke bringt. Nicht mit mir! Mein Vater braucht in der Adventszeit nur aus Spaß von unten an den Tisch klopfen, um das weihnachtliche Türpochen nachzuahmen, und schon renne ich schreiend davon.

Vielleicht liegt es auch daran, dass ich als einziges Kind des Kindergartens zum Nikolausfest eine Rute im Stiefel habe. Nicht weil ich besonders unartig bin. Ich bin genauso unartig wie all die kleinen Racker im Kindergarten des VEB NARVA Glühlampenwerks Plauen.

Ich bin nur – langsamer. Und ungeschickter.

Die Grobmotorik, der langsame Antritt, die ungehorsamen Beine, nun ja, ich sprach bereits davon. Wenn also beim illegalen, also unbeaufsichtigten Um-den-Tisch-Rennen jemand ausrutscht und gegen die Wand kracht, worauf das Bildnis des Großen Freundes aller Kinder, des Genossen Walter Ulbricht, abfällt und am Boden zerspringt, was glauben Sie, wer am Ende noch verdattert davorsteht, wo alle anderen Schlingel schon wieder lieb irgendwo in den Ecken mit ihren Bausteinen spielen? De klaane Webern.

Dafür gibt es dann zum Nikolaus die Rute in den Stiefel und keine Süßigkeiten.

Meine Angst vor Rot und Rute ist außerordentlich unpassend, denn eigentlich bin ich wie gemacht für den Nikolaus oder den Weihnachtsmann. Eines kann ich nämlich wirklich gut: Auswendig aufsagen. Gedichte, Verse, Sketche – ich memoriere alles, was kommt. Wenn andere Kinder meines Alters noch überlegen müssen, ob sie Kirsten oder Karsten heißen, gebe ich auf Verlangen den amüsierten Küchentanten schon mit vier Jahren ganze Sketche von der Eberhard-Cohrs-Platte meiner Eltern zum Besten. Oder ich singe Schlager, wie zum Beispiel »Ein Student aus Uppsala«, den ich im Radio gehört, aber natürlich nicht ganz verstanden habe, denn mir ist mit meinen vier Jahren weder geläufig, was ein Student ist, noch habe ich je von Uppsala gehört. So singe ich dann einen Text, der besser zu meiner kindlichen Vorstellungswelt passt, nämlich »Ein Strumpf hängt aus Obstsalalala-lalalalala-lalalalalat«, und kann überhaupt nicht begreifen, warum alle lachen, wo ich doch so schön singe.

Ich hasse Mittagsschlaf, aber ich liebe seine Stille. Denn: Stille ist Bühne. Endlich ist es vorbei mit dem Durcheinander und Geschrei der vielen Kinder. Endlich liegen alle brav auf ihren Pressspanliegen und schweigen. Ihre Augen sind zu, aber die Ohren sind auf. Manche blinzeln aber auch in meine Richtung und warten auf meinen nächsten Gag. Der perfekte Moment für mich – um zum Beispiel mit aufeinandergepressten Lippen ein einziges, ein winzig kleines Pupsgeräusch zu veranstalten. Alles kichert. Die Kindergärtnerin, die sich gerade in ein Buch versenken wollte, ruft: »Katrin! Ruhe bitte!« Und wieder Stille. Wundervolle Stille. Lockende Stille. Zuhörstille. Ich winde mich hin und her angesichts dieser ungenutzten Menge an Aufmerksamkeit. Ich weiß, wenn ich jetzt nicht allen zeigen darf, dass ich nur mit verschluckter Luft richtig rülpsen kann, werde ich sterben. Ich werde an Witzestau sterben. Jeder nicht gemachte Witz klemmt sich bekanntlich irgendwo im Körper fest und bläht sich auf, und dann platzt man irgendwann. Ich werfe mich hin und her, kralle mich mit den Händen in die Liege, aber die Vorstellung, dass neben mir zwanzig Fünfjährige liegen, die nicht wissen, wie lustig das klingt, wenn ich losrülpse, ist einfach unerträglich! Die Kindergärtnerin hat gerade eine Seite gelesen und will umblättern, als es mitten im Raum plötzlich rülpst wie ein übersäuerter Ochsenfrosch. Zwanzig Kinder gackern los und beißen vor Begeisterung in die blaukarierten Leinenbezüge ihrer Bettdecken. Der Mittagsschlaf hat sich damit quasi erledigt.

Aber wir sind in den sechziger Jahren. Da sind Erzieherinnen noch nicht mit den Nerven am Ende, und Kinder haben noch nicht irgendwelche komplizierten Syndrome, die man mit Tabletten und endlosen Sitzungen beim Psychotherapeuten behandeln muss. In den sechziger Jahren sind Kinder, die beim Mittagsschlaf nicht stille sein wollen, einfach nur unartig. Und unartige Kinder werden in die Ecke gestellt. Da im Kindergarten des VEB NARVA Glühlampenwerks Plauen zur Mittagszeit aber alle Ecken mit Betten vollgestellt sind, werde ich mitsamt meiner Pressspanliege jetzt in die Abstellkammer, ins »Spielkäffterle«, verfrachtet. Das hat kein Fenster, ist stockfinster und riecht nach Staub, und ich stolpere, wenn ich im Dunkeln aufstehen will, zwischen Kegeln und Keulen herum. Manchmal bin ich sogar noch in der Abstellkammer, wenn mein Vati mich abholt. Dann blinzele ich ins ungewohnt helle Licht, während sich in der Tür die Silhouetten meines Vaters und der Kindergartentante auftürmen und die Erzieherin sagt: »De Katrin liegt heut wieder mal hier drinne, weil se de Kinner net schlafen lassen hat. Da musst' mer se wegsperrn!« Und Vati schüttelt nur den Kopf und fragt: »Und bist du jetzt wieder lieb?«

Heute macht man so was nicht mehr. Höchstens mit Terroristen. Terroristen werden immer noch weggesperrt. In Dunkelhaft und Einzelzelle. Bis sie wieder lieb sind.

Ich muss der Ehrlichkeit halber zugeben, dass das mit dem In-die-Kegel-und-Keulen-Stolpern nicht nur mit der Dunkelheit im »Spielkäffterle« zu tun hat, sondern auch damit, dass ich mit vier und fünf immer noch eine ziemliche Grobmotorikerin bin. Eigentlich fühle ich mich nur im Sitzen sicher. Zum Beispiel beim Frühstück. Schön sitzen und Schnittchen mampfen! Weiß gar nicht, warum meine Eltern mich so mit Argusaugen beäugen! Ich sitze doch da wie in Abrahams Schoß und mampfe schön. Ab und zu greife ich schön nach dem doppelhenkligen Milchpott, bleibe schön mit dem Ärmelchen am Teller hängen, lasse schön den Teller an den Milchpott rammeln, schmeiße schön den Milchpott um, und zwar vorzugsweise zur Seite. Wollen doch mal sehen, ob Klaus Weber, der junge athletische Vater, bei der Armee was gelernt hat, ob er in der Lage ist, schneller aufzuspringen, als sich die heiße Milch in seinen Schoß ergießt. Und, wer hätte das gedacht: Er ist es nicht! Verständlich eigentlich, denn von einem Kind, das eben erst den Milchpott umgeschmissen hat, erwartet man ja nicht, dass es den Milchpott schon wieder umschmeißt. Das wäre schon sehr unwahrscheinlich. Aber wenn jemand im Unwahrscheinlichen zu Hause ist, dann bin ich es. Für meinen Vati heißt Vaterschaft vor allem: Aufstehen, anziehen, frühstücken, »Vordammisch nochemol!« schreien, umziehen, weiterfrühstücken!

Westend Girl

Ich liebe Muschelwaffeln! Welches Genie von Waffelbäcker ist denn auf diese Idee gekommen, zarte Waffeln in Muschelform zu backen? War er womöglich innendrin ein kleines Mädchen und nur außen drum herum ein dicker Waffelbäcker? Muschelwaffeln! Wie allerliebst! Erst liegt die Kugel Eis wie eine Perle in der Mitte der ersten Waffel, und wenn man zwei Kugeln kauft, bekommt man eine zweite Muschelwaffel obendrauf gedrückt. Dann kann man das Eis aus den Rändern einer echten Waffelmuschel lecken. Ein bisschen durchgematscht, ein bisschen knusprig. So wie das Leben ist. (Ja, ich weiß, dass die Muschelwaffel eigentlich »Wiener Schale« heißt, weil die Eiskugel da drin »wiener Schale« liegt, oder was weiß ich, aber das ist mir schnurz, und dann ist es mir auch noch piepe.)

Ein Himbeereis in einer Muschelwaffel zu bekommen ist aber für eine klaane Webse aus Plauen nicht ganz einfach. Denn in der vogtländischen Erziehungswelt der sechziger Jahre gilt es als unvernünftig, ja ausschweifend, einem Kind an einem normalen Wochentag einfach so ein Eis zu kaufen. Bloß, weil da auf dem Weg vom Kindergarten zum Spielplatz ein Eisladen ist. Das wäre ja noch schöner. Da könnte man ja auch an einem Montag Gänsebraten mit Klößen verputzen. Einfach so. Weil es Gänse gibt. Wo kommen wir denn da hin? Nein, Katrin! Wir gehen an dem Eisladen vorbei, als wenn es ihn gar nicht gäbe.

Aber Gott sei Dank bin ich ja noch ein Kind, und Kinder geben nicht so schnell auf. Sonst würden sie ja nie was lernen. Ich bettele jeden Tag »Krieg isch ä Eis?« und »Andere Kinder kriegen auch ä Eis!« und dann »Wenn ich ä Eis krieg, dann will ich auch morgen und übermorgen überhaupt kein Eis!« und so weiter. Dazu gucke ich so unwiderstehlich, wie ich nur kann.

Irgendwann lässt sich Mutti erweichen (aber nur, weil es andere Leute gehört haben) und gibt mir 15 Pfennige(!) für ein Himbeereis. Natürlich nur eine Kugel, damit ich nicht übermütig werde oder gar eingebildet. Leider gibt es, wie erwähnt, für eine einzige Eiskugel keine zweite Obendrauf-Muschelwaffel, aber immerhin ist das besser als nichts. Der Eismann reicht die Muschelwaffel mit dem Himbeereis über den Tresen und sagt: »Hier, Klaaner, dei Eis!« Er hält mich – wie eigentlich alle, mit Ausnahme meiner Eltern – für einen Jungen. Ist mir egal. Die Mutti kriegt nix mit davon, weil sie nebenan im Fleischerladen bedient. Natürlich könnte ich mich jetzt still in irgendeine Ecke setzen und mein Eis lecken, aber so eine bin ich nicht. Denn richtig lecker wird so ein Himbeereis in einer zart knusprigen Muschelwaffel natürlich erst, wenn andere Kinder beim Lecken zugucken müssen. Kinder, die mit knurrenden Mägen im Schweinebammel am Klettergerüst hängen oder gerade ihre schon etwas wellig gewordenen Hasenbrote aus der Brotbüchse nehmen. Also laufe ich – ohne die leuchtenden Augen von meinem Muscheleis zu wenden – über das Kopfsteinpflaster der Straße hinüber zum Spielplatz. Aber ich bin nicht der Einzige, der zu dieser Zeit seine Augen nicht auf der Straße hat. Der Fahrer eines 311er Wartburgs ebenfalls nicht. Wahrscheinlich kramt er im Handschuhfach nach seiner Sonnenbrille, oder er angelt ächzend nach der Straßenkarte auf dem Rücksitz. Oder er fährt vorschriftsmäßig aufmerksam und denkt mit sich langsam weitenden Augen: »Die Klaane werd doch itze net auf de Straß' ... die sieht mich doch komme ...« Aber falsch gedacht. Und so kommt es, dass sich das begehrte Muschelwaffeleis und ich schon nach ein paar Metern wieder trennen müssen. Und zwar mitten auf der Straße. Es quietscht, es bremst, es schlittert, dann macht es Bumm, und ich pralle wie ein Ball von der Stoßstange ab und kullere die Straße entlang.

Alles stürzt auf mich zu, während ich mit großen Augen um mich herumblicke. Geschockt. Wo ist mein Eis? Ich hatte doch eben noch ein Eis in der Hand? Entschuldigung, haben Sie mein Eis gesehen? Ich brauche nicht lange in die Gesichter der um mich herum Stehenden zu gucken, um zu wissen, dass mein Eis ... ich muss jetzt sehr tapfer sein ... es nicht geschafft hat. Das Himbeereis mitsamt der Muschelwaffel ist wie ein Ufo durch den Himmel über Plauen gesegelt und als Matsch auf der Kühlerhaube des Wartburgs gelandet. Niemand kann den Schmerz ermessen, den diese Erkenntnis in mir auslöst. Ich schluchze: »Mei Eis! Mei scheenes Eis!«

Und was plappern diese Erwachsenen?

»Gott, ach Gott, des sah ja gefährlich aus. Die bludd ja wie vorickt ... Aber se läbt, Gott sei Dank ... Herr im Himmel, dass du heil davongekommen bist! Ruft mal'n Krankenwagen ... Des is doch de klaane Weber. Sagt mal der Mutter Bescheid!«

Erwachsene kapieren es einfach nicht. Bein in Gips, aber Eis leckend – das wäre doch völlig okay. Ein Arm in der Schlinge, aber mit Eis in der freien Hand – so sieht ein schöner Tag aus. Von mir aus der Unterkiefer voll verdrahtet, aber mit einem Loch für die leckende Zunge am Muschelwaffeleis. Ich bin ein Kind, das sein Eis verloren hat, was nützt mir da körperliche Unversehrtheit! Und so vergehe ich in hohem Schluchzen.

Hatte ich schon erwähnt, dass ich mit meinen Eltern in Plauen-Westend wohne? Eine eigenheimelige Gegend. Kleines Haus, kleiner Garten. Eine Straße, so ruhig, dass sich selbst die Amseln erst mal Mut anräuspern müssen, bevor sie anfangen, zu trällern. Hier gehen die Menschen noch überrascht ans Fenster, wenn ein Auto vorbeifährt. Kurz gesagt: Es ist am letzten Pickel vom Arsch der Welt. Hier gibt es gar nichts. Nicht mal Kinder. Das ist natürlich schlecht, denn zu der Zeit, als ich ein kleines Mädchen sein muss, heißt es ja dauernd: »Was machst du hier drinne? Es regnet nicht. Ab nach draußen! Geh spielen!« Bei Sonnenschein und niederschlagsfreier Bewölkung ist den Kindern meiner Kinderzeit der anlasslose Aufenthalt in geschlossenen Räumen nicht gestattet, und zum Abendbrot wird nicht wie heute in den Flur hinein, sondern zum Fenster hinaus gerufen. Da wäre es natürlich toll gewesen, wenn man draußen auf der Straße mit einem halben Dutzend anderer Kinder Gummihopse oder »Herr Fischer, Herr Fischer – wie tief ist das Wasser?« hätte spielen können.

Da stehe ich also ein bisschen wie rausgeschubst im Garten, links und rechts meine Puppen an den Beinen in der Hand wie zwei Sträuße aus kleinen Menschen – und weiß erst mal nicht, wie und was. Ich kann mit Puppen eigentlich nichts anfangen, außer wenn sie mir als Statisten dienen. Aber richtig erbarmungslose Langeweile macht kreativ – eine große Weisheit, die heute völlig in Vergessenheit geraten ist. Und nachdem mir klar geworden ist, dass es auf absehbare Zeit nicht regnen wird, nehme ich meine Puppen und spiele Schule. Mit verteilten Rollen und verteilten Stimmen. Ich kann sie alle. Die säuerliche Frau-Lehrerin-Oberstreng-Stimme, die brummige Schulversager-Peter-Stimme, die feine Klassenbeste-Marlies-Stimme und natürlich die glucksige Klassenkasperline-Katrin-Stimme. Leute, die nicht sehen können, dass ich allein im Garten spiele, müssen denken, eine erste Klasse macht Freiluftunterricht in Webers Garten.

Aber es gibt auch Leute, die sehen können, dass das Stimmengewimmel nur aus ein und demselben Kindermund kommt. Zum Beispiel Annette Cepelack von nebenan. Das einzige Kind in etwa meinem Alter weit und breit. Die Familie kommt aus Ostpreußen. Von Ostpreußen nach Westend. Wie passend. Opa sagt, »die wär'n nachm Kriesch middm Dreck« gekommen. Mittlerweile sind sie aber sauber, wie ich finde. Nachdem wir ein paar Wochen einander heimlich beobachtet und gleich wieder weggeguckt haben, wenn die andere herüber sah, kommen Annette Cepelack und ich einander näher. Aber nicht so wie heute, mit viel »Hallo!« und »Wie geht's denn?«, sondern ganz vorsichtig und gehemmt. Das heißt, irgendwann spielen wir schon miteinander, aber nur am Zaun. Annette Cepelack auf ihrer Seite und ich auf meiner. Wir spielen Puppenkaffeetrinken und reichen uns die Tassen durch den Zaun. Wir spielen Handball oder Federball, und der Zaun dient als Spielfeldgrenze. Wir bauen sogar ein Spielzelt mit einer Decke, die wir über den Zaun legen, und fühlen uns bollewohl, obwohl wir durch Holzlatten getrennt sind. So ein Holzlattenzaun ist doch auch was Feines: halb Wand, halb Fenster. Je nachdem, was gebraucht wird. So geht das acht Jahre! Ein einziges Mal kommt Annette Cepelack rüber zu mir und sitzt in meinem Garten rum, aber irgendwie kommen wir nicht ins Spielen. Irgendwas fehlt zwischen uns. Der Zaun! Mein Freund und Kollege Bernd-Lutz Lange wird später sagen, das sei eine gelebte Metapher für das geteilte Deutschland, denn die Ost- und Westdeutschen seien schließlich auch um einiges besser miteinander klargekommen, als sie noch durch einen Zaun getrennt waren.

Auf der anderen Seite des Gartens wohnt Familie Lenk. Herr Lenk sammelt Zeug, das man noch mal brauchen kann. Der ganze Garten ist damit voll. Alte Badewannen, Fahrradrahmen, Holzböcke, Gummimuffen, Anlasskurbeln und Vorglühkerzen für antike Traktoren, Streckmetallzaunelemente, die beim Maßschneidern der innerdeutschen Grenze übrigblieben, Transmissionsriemen für Dampfmaschinen, Eisenkernspulen für Elektromotoren. Die Lenks sollen zwar dem Vernehmen nach zwei herzlich einfache und unverbildete Söhne haben, aber man kann sie nicht sehen hinter all dem Zeug. Manchmal, wenn es regnet, geht Herr Lenk durch den Garten, geschützt von einer über den Kopf gezogenen Lkw-Plane, und prüft den Zustand seiner Reichtümer und träumt von Kriegs- und Notzeiten, wo Anlasskurbeln und alte Transmissionsriemen mit Gold und ihm sonst unbekannten Liebes- und Leibesdiensten aufgewogen werden.

Die Überfülle an Krimskrams nebenan verleitet mich allerdings eines Tages zu dem Fehlschluss, unsere Nachbarin, die Frau von Herrn Lenk, müsse über eine ebensolche Fülle an handwerklichen Kompetenzen verfügen. Selbstvergessen, wie ich war, hatte ich beim Beobachten eines Distelfalters übersehen, dass mein eines Bein dem anderen im Weg stand, und war auf das Abscheulichste hingestürzt. Meine Strumpfhose zeigte sich darob am Knie aufgespleißt und hatte ein Loch. In meiner Not entdecke ich Frau Lenk, die am Fenster sitzt und Maulaffen feilhält, anstatt sich beim Aufbau des Sozialismus körperlich und seelisch aufzureiben. Wer mit so einem Trödelfritzen verheiratet ist, denke ich in kindlicher Logik, muss doch bestimmt nähen, stopfen und säumen können, was das Zeug hält.

»Frau Läääääääääääänk!«, schreie ich also herüber, »Könn'se mir mal schnell meine kaputte Strumpfhose nähen? Meine Mutti schimpft sonst ganz schlimm!«

Frau Lenk guckt erst mal ein bisschen verdutzt, so wie: »Sehe ich aus, als wenn ich nichts zu tun hätte?«, aber da die Antwort auf diese Frage ein klares Ja ist, ruft sie schwach, sie werde mal schauen, ob sie was dahabe. Dann kommt sie mit einem alten Kasten ans Fensterbrett und zieht in irrer Prüfung kaputte Schnürsenkel und gebrauchte Geschenkbänder daraus hervor. Ihr konfuses »Das passt wohl nicht, oder?« überzeugt mich sofort, dass an diesem Ufer keine Rettung zu erwarten ist. Stattdessen erscheint meine Mutter jetzt am Stubenfenster unseres Häusleins. Himmel, hilf! Sie hat alles gehört. Wie ich fremdes Gesindel anbettelte! Wie ich die eigene Mutter, die mich unter Schmerzen gebar, in der Nachbarschaft als Xanthippe und Zeterweib heruntermachte! Garstige kleine Kröte, die ich bin! Unddankbares Geschöpf!

»Katrin!! Du kommst nei, aber sofort!«, bellt die Mutti aus dem Fenster, dass mir das Herz in die kaputte Strumpfhose rutscht. Oh, das wird arg werden! Lügen über die eigene Familie zu verbreiten ist schon schlimm, aber wenn man die Wahrheit sagt, das ist ja wohl das Letzte! Wenn die Mutti mich wegen kaputter Strumpfhosen zu einem Häuflein Asche schimpft, das geht keinen was an! Haben wir uns da ein für alle Mal verstanden?

Mit dem Muttiheft im ungeheizten Klo

Und dann der Schulweg! Ich muss ja bis zur Diesterweg-Schule latschen. Wissen Sie, wie weit das ist? Von Glückauf zwei über den Schanzgrund an der Kaserne vorbei und dann immer geradeaus am Seehausgebiet entlang bis zur Schule und wieder zurück. Hin eine Stunde, zurück eine Stunde. Und damals, als ich noch klein war, war der Weg noch viel länger und die Häuser größer. Aber wir hatten ja Zeit. In der DDR verpasste man nichts, wenn man später kam. Gab ja nichts, was man verpassen konnte. Hinzu kommt: Ich trödele gerne. Weil ich immer singen muss und man nun mal nicht im Sauseschritt singen kann. Da bleibt einem doch die Luft weg. Ich muss aber immer laut singen, und meine Mutti schwört heute noch, dass sie mich schon gehört habe, wenn ich noch am Heine-Platz war. Aber das wäre ja ein ganz enormer Schalldruck, das würde ja bedeuten, dass im Umkreis von einem Kilometer niemand mehr wegen meines Gesinges sein eigenes Wort verstanden hätte? In der Russenkaserne hätten die Unteroffiziere vor der Bajonettreihe vergebens »Stoß!« und »Hieb!« gebrüllt, weil just in diesem Moment das Lied »Kleine ... weiße .... Friedähänstaube« über die kalten Mauern trompetet worden wäre, und zwar intoniert von dem lautesten aller Engelstimmchen, nämlich meinem. In der HO hätte die Verkäuferin dreimal hintereinander vergeblich angesetzt, zu fragen, wie viel Gramm vom Tollenser Käse die Frau Wetzel denn nun haben wolle, weil justament ein kleines, dickbeiniges Schulmädchen mit einem riesigen Ranzen samt geblähtem Brustkorb und lautstark »Bummi! Bummi! Bummi-Bummi-Brumm-Brumm-Brumm!!!« krakeelend in die Straße einbog. War es womöglich so, dass sie mir dann hinterhersahen und ungefragt übereinstimmten, dass »de klaane Webern scho ä weng artlich« sei, auf gut vogtländisch also seltsam. Oder haben sie gar aus dem Laden gerufen: »Bi mol net so laut!«, oder: »Bi ner mol weng ruhig, itze!«?

Naja: Könnte sein, habe ich aber verdrängt. Oder es ist mir überhaupt nicht aufgefallen, weil ich solche Sätze zu Hause ständig hörte.

Außerdem habe ich ja nicht nur gesungen, ich habe auch Gedichte aufgesagt.

Wir sind uns doch aber wohl alle einig, dass auch noch so lautstarkes Singen und Gedichterezitieren wie in meinem Fall im doppelten Wortsinn vorübergeht und damit eindeutig besser ist, als Häuserwände vollzusprühen. Außerdem hat es mich beschützt. Immerhin musste ich an der Russenkaserne vorbei. Verfolgt von nicht ganz einzuordnenden Blicken aus gardinenlosen Fenstern. Da hätten Sie wahrscheinlich auch »Ich singe hier ganz laut, damit jeder Mensch in der ganzen Stadt weiß, dass ich hier langgehe, und sofort mitkriegt, wenn ich nicht mehr ganz, ganz laut singe ...« gesungen.

Ich singe aber nicht nur, ich pflücke auch Blümchen. Fast jeden Tag bringe ich meiner Mutti Blümchen mit und sage: »Hier, Mutti, Blümchen für dich!« Mutti nimmt die Faustvoll Schafgarbe und Hirtentäschel vom Straßenrand und packt sie in einen Becher. Ohne Wasser. Kommt eh nachher weg, wenn ich im Bett bin. Aber was habe ich auch erwartet: Der Vogtländer ist zärtlichen Gesten gegenüber nicht so aufgeschlossen wie andere Völker, sagen wir mal, wie die Skythen, Hunnen, numidische Reitervölker. Stattdessen hat die Mutti nur Augen für meine Strumpfhosen, welche leider den Abstieg in den Straßengraben, wo die prächtigste Schafgarbe lockte, nicht heil überstanden haben.

In einem Satz: Es ist schwer, in Plauen geliebt zu werden, wenn man »'n klann Knick unterm Ponny« hat, zu Deutsch, ein wenig verträumt ist und den Musen zugeneigt.

Manchmal trödele ich auch, weil ich zu Hause etwas beichten muss.

Schlechte Zensuren, wie etwa Zweien im Diktat.

Oder noch schlimmer: Einträge. Und ich muss ja beichten, bevor Mutti das Muttiheft in die Hand bekommt. Denn mein Muttiheft ist leider längst nicht mehr so schmal und unschuldig wie an dem Tag, an dem es gekauft wurde. Nein, es ist speckig und wellig, wie ein Muttiheft, das schon mindestens einmal zu oft mit gesenktem Blick nach vorn zum Lehrertisch getragen und dort aufgeschlagen wurde, damit ein energischer Kugelschreiber den Kurzschluss zwischen Elternhaus und Schule herstellen konnte.

»Katrin störte heute wieder den Unterricht durch spontane Äußerungen.«

Ja, bitte, wie denn sonst? Es ist schlechterdings unmöglich, den Unterricht durch lang geplante und ausgetüftelte Äußerungen zu stören! Dazu müsste man ja im Voraus wissen, was der Lehrer sagt. Aber das weiß ja nicht mal der Lehrer. Also bleibt einem doch nichts anderes übrig, als zu lauern und zu lauschen, ob sich da und dort nicht ein Fünklein Witz aus dem monotonen Vortrag schlagen lässt. Wenn man zum Beispiel bei der Einführung in die deutschen Vorsilben die Reihe »unglücklich, unsportlich, unwillig ... na, wer hat noch Beispiele? ...« mit der superwitzigen Ergänzung »unterricht!« fortsetzt? Ist das nicht die edelste Form der Mitarbeit? Zuzuhören und noch die Kapazität für einen tollen Kalauer zu haben? Müsste nicht stattdessen im Muttiheft stehen:

»Katrin hielt heute wieder ihre Mitschüler durch

geniale spontane Äußerungen vom Einschlafen ab!«?

Nein, stattdessen soll ich wohl mit meinen Witzen warten, bis Pause ist. Aber ein nachgeholter Witz hat kein Erz, wie man im Vogtland sagt. Außerdem werde ich ja von Witz zu Witz besser, wie jeder, der schon mal auf einem Instrument geübt hat, bestätigen kann. Aber nein, der Herr Lehrer möchte nicht, dass ich meinen Witz an ihm schärfe. Und dann wundern sich die Menschen, dass es so viele schlechte Witze gibt.

Das eigentliche Problem ist aber, dass ich – wenigstens noch in der ersten Klasse – so schnell kapiere. Während alle anderen noch mit sirupartiger Geschwindigkeit grübeln, ob es »Omi ist am Ofen« oder »Omi ist im Ofen« heißen muss, ist mein Arm schon oben. Eigentlich müsste ich dauernd drankommen. Das geht natürlich im Frontalunterricht mit dreißig Schülern nicht, und deswegen greift nach dem fünften Mal Nichtdrankommen eine furchtbare Langeweile nach mir. Ich würde gerne ein bisschen singen, aber es herrscht sonderbarerweise Singverbot, ich würde gern aufstehen und mir ein bisschen die Beine vertreten, aber das soll auch nicht sein. Doch ich habe ja noch mein Federkästl. Ich könnte doch mal meinen Zeigefinger in die abgezogene Füllfederhülse stecken, um ihn lustigerweise zu verlängern. Dann melde ich mich das nächste Mal mit dem Riesenfinger! Das wird ein Spaß! Alle werden giggeln und prusten, und der Herr Lehrer wird mit den Augen rollen. Und siehe da, der Finger geht sogar bis zur Hälfte hinein. Ähem, nur leider nicht mehr heraus. Hat sich irgendwie festgesaugt, das Ding. Hilfe, ich stecke in der Füllerkappe fest! Was heißt hier plötzlich »Heft auf zum Diktat«? Ich kann doch mit dieser ungewollten Zeigefingerverlängerung jetzt nicht einen auf Schönschrift machen. Nein, halt, noch nicht anfangen! Auweia! Alles beugt sich schon über das linierte Papier. Ich ziehe und zerre an der Hülse, aber durch die Anstrengung scheint mein eingeklemmter Zeigefinger eher noch dicker zu werden. Jetzt geht er gleich gar nicht mehr raus. Im Gegenteil, er wird schon etwas taub. Was mache ich denn jetzt nur? Ich kann mich doch jetzt nicht unter den Tisch bücken, um die vermaledeite Füllerkappe mit dem Fuß zu zertreten? Wie soll ich denn dann Mutti erklären, warum ich keine Füllerkappe mehr habe? Also reiße ich noch einmal mit aller Kraft der Verzweiflung an der hinterhältigen Hülse, und – plopp – ist sie ab! Leider rammt sich dadurch mein Ellenbogen der Banknachbarin in die Seite, die sogleich ungewollt einen wahnsinnigen Strich durch ihr Diktat zieht, aufschreit und mit Atemnot zur Seite kippt.

Schon muss ich wieder das Muttiheft nach vorne bringen: »Katrin hat heute ihrer Banknachbarin den Ellenbogen in die Seite gerammt!«

Wie soll ich denn das beichten? Wo soll ich denn

da anfangen? Mit der vermaledeiten Einführung der generellen Schulpflicht in Sachsen anno 1835, wodurch gewitzte Mägdelein wie ich mit lauter Schwerbegrifflern und Nochmalnachfragern und Immernochnichtverstehern in ein und dasselbe Klassenzimmer gesperrt wurden, um sich da bis in den Irrsinn zu langweilen? Würde das die Mutti verstehen und seufzend sagen: »Ja, mein blitzgescheites Mädel, wenn diese dumme Schulpflicht nicht wäre. Gib her das damische Muttiheft, ich pinsel schnell mein Weberkrakel da rein, und dann vergessen wir das Ganze.«

Würde sie das? Ich glaube nicht. Deswegen treibt es mich an jenem verhängnisvollen Wintertag erst recht nicht ganz dringend nach Hause. Lieber noch ä weng hätzln, sprich schlittern. Auf dem Gehweg so lange hin und her rutschen, bis aus dem rutschigen Schnee eine spiegelglatte Schlitterbahn geworden ist, und die Omas die Straßenseite wechseln müssen, weil sie Knochen aus Keks haben. Nachdem ich mir die Adduktoren mürbe geschlittert habe und dreimal auf den Pops und zweimal auf den Wanst gefallen bin, trolle ich mich denn doch, damit ich zu Hause bin, bevor meine Eltern heimkommen. Doch vor der Wohnungstür gibt es ein böses Erwachen. Ich habe meinen Schlüssel verloren! Irgendwo auf dem halben Dutzend Schlitterbahnen ist mein Schlüssel in den Schnee gefallen. Wenn ich jetzt hier vor der Tür stehen bleibe und Mutti mich so sieht, dann weiß sie doch gleich Bescheid. Dann habe ich überhaupt keine Zeit mehr, sie mit »Darf ich heute das Geschirr abtrocknen?« oder »Schau mal, ich habe alle Blätter vom Gummibaum abgewischt!« milde zu stimmen. Dann habe ich nicht mal mehr Zeit, verlegen in der Küche zu stehen und rumzueiern. Die Uhr tickt. Ich muss eine Entscheidung treffen. Zurücklaufen und suchen, das kann bis morgen dauern. Nein, ich muss irgendwie in das Haus rein. Wenn ich im Haus bin, habe ich Zeit, meine Mutti mit Fragen wie »Hast *du* eigentlich schon mal einen Schlüssel verloren?« empathisch vorzuschwächen.

Aber: Ich weiß, dass es bei uns ein Fenster gibt, das aus guten Gründen immer offen ist. Das Toilettenfenster im Erdgeschoss. Unser Toilettenkämmerchen ist ein simples Plumpsklo und benötigt allzeit gute Lüftung. Wenn ich da die Mülltonne unter das Fenster schiebe, kann ich hochlangen und einsteigen. Super! Ich zerre das eiserne Ding laut kratschend und funkenschlagend über den Gehweg bis unters Toilettenfenster. (Ja, liebe junge Menschen, damals waren die Mülltonnen nicht aus kinderleichtem Plastik mit Rädern unten dran wie heute, sondern grobe Kübel aus verzinktem Eisenblech. Damit die Müllmänner damit nicht die Pflastersteine aus dem Trottoir frästen, wurden diese Ungetüme nicht gezogen, sondern angekippt und dann vermittels einer handschuhschmeichelnden Beule auf dem Deckel zum Wagen gedreht. So ging das damals eigentlich, aber dazu war ich natürlich zu klein. Es hätte mich reineweg erschlagen.) Dann klettere ich auf die Mülltonne, schmeiße meinen Ranzen ins Klo und eskaladiere selber schwungvoll übers Fensterbrett. Doch als ich drinnen bin, fällt mir ein, dass Mutti sicher stutzen wird, wenn die Mülltonne so aufreizend seltsam unter dem Toilettenfenster steht. Doch Gott sei Dank kommt ein Passant des Wegs, und Hand auf Herz, würden Sie einem kleinen Mädchen, das aus einem Klofenster winkt und ruft, einen Wunsch abschlagen? Auch, wenn es so ein absonderlicher Wunsch ist wie »Könntense mal bitte die Mülltonne hier unten vom Fenster weg und nach dahinten an den Gartenzaun ziehen, werter Fremder?«? Ich sage artig danke und atme auf. Meine alles überstrahlende, fast schon eines Egon Olsen würdige Genialität, meine unglaubliche Erfindungsgabe und meine Tatkraft haben mich über diese peinliche Schlüsselverbummelei triumphieren lassen! Ich bin zu Hause, wenn Mutti kommt, und das ist alles, was zählt! Vielleicht sage ich es Mutti heute Abend beim Abendbrot. Wenn man den Mund voll hat, kann man ja nicht schimpfen!

Beruhigt drücke ich die Türklinke – doch umsonst! Klink und klink und klink! Hah! Herz – bleib nicht stehen! Meiner überragenden Auffassungsgabe ist entgangen, dass meine Eltern das gutbelüftete Toilettenkämmerchen von außen verriegeln, bevor sie gehen. Damit niemand durch das offene Toilettenfenster klettern und in die Wohnung eindringen kann, um beispielsweise unser hochwertiges Röhrenradio Dominante W 2 vom VEB Funkwerk Dresden zu stehlen. Erwähnte ich bereits, dass unser Toilettenkämmerchen wie alle Plumpsklos dieser Welt keine Heizung hat? Deutete ich schon an, dass es Winter ist? Beim Versuch, meine Schlüsselschusselei zu verbergen, habe ich mich in eine Kühltruhe gesperrt. Und Mutti ist in der Stadt einkaufen, Schwätzchen halten und noch ein Schwätzchen und noch eins. Es dauert so lange, dass ich vor Langeweile anfange, meine Hausaufgaben aus dem Ranzen hervorzuholen und zu machen.

Und so kommt es, dass meine Mutti Stunden später nach Hause kommt und sich wundert, wo ihre Tochter ist, den Kopf schüttelt und Worte wie »Bummeltrine« vor sich hin seufzt, bis mein Stimmchen von ferne ruft: »Hier bin ich doch! Ich bin hier drin!«

Mutti geht mich suchen. Denkt, ich würde mit ihr Verstecken spielen. Ich bin nicht in der Küche, nicht in der Kammer. Die Mutti wird fei ungehalten. »Wo biste denn nu?«

»Na, hier drin! Auf der Toilette!«

Da hat sie natürlich nicht gesucht. Weil die Toilette sichtbar mit einem eisernen Riegel verriegelt ist. Und ihre Tochter ist schließlich nicht Houdini oder David Copperfield und kann sich per Magie selbst von außen einkerkern. Ungläubig entriegelt Mutti das Klo, und da sitzt Katrinchen auf dem Toilettendeckel, haucht sich fröstelnd in die Hände wie das Mädchen mit den Schwefelhölzern aus Andersens Märchen und blinkert mit den vor Verzeihung glänzenden Augen.

»Was machst de denn hier drin? Willst du dir den TOD holen?«, fragt die Mutti nun wirklich schwer besorgt.

Das hätte sie mal lieber nicht sagen sollen. Denn danach werde ich noch öfter am Toilettenfenster hängen. Und zwar mit vollster Absicht. Der Anlass: Meine Eltern streiten sich gern. Die schenken sich nichts. (Mir übrigens auch nicht. Wo andere Eltern absichtlich schlecht spielen, damit ihr Kind nicht zu früh die traumatische Erfahrung macht, beim »Mensch-ärgere-dich-nicht«-Spiel zu verlieren, pusten meine Erzeuger mit höhnischer Grimasse auf den Würfel, werfen dann tatsächlich die benötigte Fünf und lassen mit grausigem Lachen ihre Figur über die Punkte hüpfen, um schließlich mein unschuldiges kleines Plastilinchen vom Brett zu kegeln. »Und naus biste!« Alles andere hieße ja das Kind verzärteln.)

Der Grund, dass meine Eltern gerne streiten, ist wahrscheinlich der hier: Ganz zu Anfang, als meine Eltern gerade ein Paar geworden waren, hatte ihre Oma, also die Mutter ihres Vaters, beim Kuchenaufschneiden mal zu meiner Mutti gesagt:

»Dei Klaus, der is fei ä weng zu hübsch für dich!« Sie wollte damit sagen, dass mein Vati jede andere hätte haben können. Das war zwar oberflächlich sehr schmeichelhaft für meine Mutti, denn schließlich hatte sich dieser Traummann unter all den angebotenen Vogtländerinnen allein für sie entschieden, andererseits hatte es einen Beigeschmack. So, als müsse meine Mutti sich Huld und Gunst des Prinzen Klaus jeden Tag neu verdienen. Das möchteste wohl, dachte meine Mutti grimmig, dass ich die ganze Zeit dem Prachtburschen zu Füßen sitze und verliebt tue. Aber nichts da! Ich habe auch meinen Stolz, und drum werde ich ihn bekritteln und benörgeln. Und so fauzten und haderten meine Eltern die liebe lange Zeit, nur um dem anderen zu zeigen, dass man von ihm nicht abhängig sei.

Aber beim nächsten größeren Krach habe ich eine Idee. Ich würde meine Eltern ein für alle Mal versöhnen. Ich gehe scheinbar wie immer aufs Klo, aber diesmal mit der vollen Absicht, mir »den Tod zu holen«. Ich klettere auf den Fenstersims und hänge mich mit freiem Oberkörper draußen in die Winterkälte. Atme die schneidende Frostluft in großen Zügen ein, auf dass es endlich meine Atemwege entzündet und versumpft und verschlammt. Lungenentzündung! Höchstes Fieber! Ärzte werden wie Schatten hinter meinem Bett stehen und leise die Köpfe schütteln. Oh, wie sich da meine Eltern in den Armen liegen werden!

Das einzige Kind! Was haben wir die kostbaren Jahre, da unser Schatz auf dieser Erde weilte, vertändelt und verzankt! Tränenfeuchte Küsse werden sie tauschen und sich gegenseitig die schwarzen Haare raufen! Und dann, wenn ich sicher bin, dass sie sich wieder lieben wie in der Nacht, als die Hormone aus ihnen sprachen und ihre Hände führten, dann werde ich flugs genesen! Auferstanden aus Ruinen! Ins Schlafzimmer laufen, wo meine Eltern noch ineinandergeschlungen liegen, und rufen: »Eure Liebe hat mich wieder gesund gemacht!«

Leider tut der Eiswind des Vogtlandwinters nicht die Hälfte der schädlichen Wirkung, die meine Mutter ihm nachsagt. Da kann ich aus dem Fenster hängen, bis mir die Finger blau sind. Stattdessen bin ich am Ende dieses Winters das abgehärteste Mädchen von Plauen und drum herum.

Da kann mir auch der schneidende Fahrtwind nichts anhaben, der mir im Sommer acht Stunden um die Ohren bläst, während ich im Beiwagen unseres Familienmotorrads hocke, mit dem wir an die Ostsee fahren. Ja, richtig gelesen: Wir haben keinen Trabi, sondern fahren ein sogenanntes Gespann mit Beiwagen. Vorne sitzt der Vati selbst, die Motorradbrille auf und einen Halbschalenhelm mit Gummireifen drum herum, hinter ihm sitzt die Mutti auf dem Sozius und lehnt das nur von einem Kopftuch geschützte Haupt an Vatis starken Rücken (wenn sie später absteigt, ist ihr Dutt ganz schief vom Anlehnen), und ich sitze im Beiwagen, einen Koffer zwischen meinen Beinen, der nicht mehr hinten auf den Gepäckhalter passte. Meine Finger umkrallen die Haltestange, und mein Blick geht scharf durch den kleinen Windschutz aus Plexiglas. Ich fühle mich nämlich wie ein Rennfahrer. Wenn man in so einer Blechzigarre sitzt, und zwar nur zwei Arschbreit über dem Asphalt oder Kopfsteinpflaster, da sind die achtzig Stundenkilometer Höchstgeschwindigkeit fast schon so etwas wie besinnungsloses Rasen.

Wir brechen früh auf. Um drei, halb vier in der Nacht geht es los. Bansin ist weit. Irgendwo im hohen Norden. Ich bin müde und aufgeregt zugleich. Ab und zu regnet es, aber dann deckt mich Mutti mit einer selbst zugeschnittenen Plane zu (die irgendwie im VEB Stahlbau Plauen »nicht mehr gebraucht wurde«), und ich rumpele im Dunkeln über die Straßen der Republik. Am Vormittag sind wir schon im Bezirk Potsdam, wie große Teile der Mark Brandenburg damals heißen. Meine vogtländischen Augen werden groß. Die haben überhaupt keine Berge hier! Was machen die denn im Winter? Die ganze Gegend ist komplett unrodelbar. Nur Kiefernplantagen auf Sand. Die armen Tröpfe. Dann brausen wir noch einmal über die sieben Berge in Mecklenburg, und schon sind wir in Bansin. Sofort in den Badeanzug mit dem Rüschenpopo! Endlich wird gekleckert und nicht mehr geklotzt. Wir bauen Kleckerburgen wie aus dem Kleckermannkatalog. Einen Sommer fahren wir auch nach Freest gegenüber vom Kernkraftwerk Lubmin. Da ist das Wasser wärmer, und man kann beim Tauchen mit der Taucherbrille mehr Fische beobachten. Aber so ist das mit der Kernkraft. Wenn man nichts von ihr weiß, dann tut sie einem wohl nichts. Braungebrannt und salzgegerbt fahren wir wieder nach Hause. Die Haare flattern an den Ohren, ich kralle mich an die Haltestange im Beiwagen, lege mich in die Kurve (obwohl das gar nicht richtig geht) und flüstere leise meine Reportage: »Der Silberpfeil hat jetzt eine Schwindligkeit von über einer Knillion erreicht! Das ist doppelt so schnell wie das Licht und dreimal schneller als die Dunkelheit!«

(Kleine Nachbemerkung: Wahrscheinlich sollte ich mich heute auch mal wieder im Winter halbnackt aus einem Plumpsklofenster hängen lassen: Das mit der Abhärtung hat sich nämlich leider wieder gegeben: Heutzutage kriege ich schon Angst, einen Schnupfen zu bekommen, wenn ich nur in einem Buch lese, dass die Tür offen stand!)

Ungeküsst am Wasserflohteich oder Sie suchten Liebe und fanden nur Stecknadeln!

Als die Pubertät kommt, muss sie mich erst ein bisschen suchen. Die Pubertät hatte nämlich gedacht, ich stehe im Schall eines Kofferradios mit den anderen Halbstarken an der Ecke und schwenke kokett kichernd meinen Oberkörper hin und her, bis den Jungs die Augäpfel aus den Schädeln purzeln. Aber ich stehe nicht an der Ecke. Ich sitze zu Hause. Vorm Fernseher. Mit meinen Eltern. Am Samstagabend! Während die Pubertät meine Mitschülerinnen abends früh zu Bett gehen lässt, freilich nur, um dann heimlich aus dem Fenster zu klettern, weil jetzt die Zeit ist, wo man sich dringend mit Zunge küssen und überall befühlen muss, sitze ich in meiner Hausschürze auf dem Kanapee und häkele was Schönes, als wäre das alles hier nur ein Leben zur Probe.

Ich trage eigentlich immer Schürze. Einen Kittel aus perligem Dederon mit aufgesetzten Taschen, die quasi mein Gedächtnis sind. Wo sind das Taschentuch, der Kamm, die Schere, der Filzstift? Wo andere lange suchen müssen, reicht bei mir ein Griff: in die Schürzentasche. Ich hätte liebend gerne noch mehr Taschen. Das ist, als wenn man seinen Schreibtisch mit sich herumträgt. Furchtbar praktisch, und man schont die Kleidung. Es gibt doch überhaupt keinen Grund, sich mit den Knien dumme Beulen in die Hosen zu sitzen oder sich beim Vespern die Bluse zu bekleckern, wenn man stattdessen eine Schürze aus Dederon tragen kann? Aus einem so unverrottbaren Stoff, dass noch in tausend Jahren Besucher aus dem Weltall den Umriss Ostdeutschlands anhand von ausgegrabenen Dederon-Kittelschürzen kartographieren werden.

Und deswegen – aber das bleibt unter uns – trage ich auch heute noch daheim häufig Schürze. Falls Sie gedacht haben, ich würde zu Hause im hautengen kleinen Schwarzen apart auf der Sofakante sitzen und mit der Federboa spielen, müssen Sie leider umdenken. Wenn ich nach der Vorstellung nach Hause komme, heißt es raus aus dem Glitzerfummel, rein in die Schürze. Sozusagen vom Schmetterling zur Raupe in zehn Sekunden. Sollten eines Tages also Schurken in mein Heim eindringen, um mich für ein prächtiges Lösegeld zu entführen, werden sie wahrscheinlich an mir vorbeilaufen, so wie ich immer dasitze mit Schürze und Brille. Die ganze Wohnung werden sie absuchen, sich schließlich nach mir umdrehen und schreien: »Wo ist Katrin Weber? Sag uns sofort, du kleine Putze, wo Katrin Weber ist!«

Jetzt jedenfalls, wo ich mit vierzehn, fünfzehn Jahren immer noch daheim hocke und häkele, denken meine Eltern: Haben wir ein Glück! Wie lieb sie häkelt! Gut, dass sich unsere Katrin nicht für Jungs interessiert. Schlimm genug, dass sich die Jungs schon für die Katrin interessieren. Einmal hat sogar schon einer geklingelt und gefragt, ob die Katrin da ist. Rotzfrech saß er da auf seiner MZ und hatte sogar noch eine Jeansjacke an, als wär' er Wunder was! Der dachte wohl, er fetzt! Gott sei Dank war die Katrin nicht da, sonst wär die nachher noch weg gewesen.

Denn wenn ich nicht gerade lieb häkele, muss ich mit Vati mit ... Besorgungen machen. Erstens, damit ich nicht zu Hause bin, falls mal einer klingelt, und zweitens, weil es meiner Mutti Schönstes ist, wenn mal alle weg sind und sie ihre Ruhe hat. Es ist nun nicht so, dass sie sonst immer Stress hat, wenn wir alle da sind (wir sind ja insgesamt nur drei Personen), aber unsere Ruhe ist eben nicht ihre Ruhe. Und so hören wir oft den Satz: »Macht eisch mal weng naus!« Deswegen nimmt mich Vati sogar mit, wenn er Wasserflöhe holt. Mit dem Motorrad im Beiwagen (wir haben immer noch keinen Trabi, du hältst es im Kopf nicht aus). Vati versteht gar nicht, warum ich so gucke. Ich bin doch früher so gerne Beiwagen gefahren! Aber heute: Die Knie gucken fast aus dem Beiwagen raus, und ich bete, dass mich niemand sieht. Am Teich schwenkt er bedächtig den Kescher durch die Brühe. Ich stehe daneben und langweile mich zu Tode. »Willst du auch mal keschern?«, fragt der Vati. Er ist jetzt nicht so der Mädchenversteher.

Zu Hause erzählt die Mutti, dass wieder der Halbstarke mit der MZ da war, aber sie hat ihn gar nicht erst klingeln lassen. Gleich aus dem Fenster hat sie ihn angeschnarrt: »De Katrin is' nich' da! Die is' mit ihr'm Vati Wasserflöhe holen! Fors Aquarium!« Na super. Der kommt nie wieder. So viel ist mal klar.

Das ist schlecht, denn es ist ja nun nicht so, dass die Jungs jeden Tag im Motorradcorso um unser Haus kreisen oder sich gegenseitig wegschubsen, um mir im Klassenzimmer den Stuhl anzubieten. Da gibt es ganz andere Fräuleins. Mit großem Busen und kleinem Mundwerk. Da stehen die Jungs drauf. Ich hingegen – mit kleinem Busen und großem Mundwerk – flöße den Schwitzpickeln eher Angst ein. Außerdem sprießt mir ein aparter Damenflaum, und etwas zu küssen, was sich so anfühlt wie die eigene Oberlippe, das ist für die Jungs echt noch ein bisschen zu viel.

Wie viel Weiblichkeit mit sechzehn Jahren in mir steckt, kann man daran erkennen, dass eine alte Frau, der ich in die Straßenbahn helfe, nachher sagt: »Ach, danke, junger Mann!«

So darf meine Pubertät natürlich nicht dahingehen. Schluss mit Häkeln! Jetzt wird genäht! Aus Stoffresten meiner Oma, die in der PGH »Bluse« arbeitet, bastele ich mir ein Paar frühe Push-up-Einlagen, die mich - locker untergesteckt - vornerum interessant machen sollen. Dann verabrede ich mich mit meiner Freundin Sylvia, und ab geht es zum Rummel. Stolz trage ich meinen selbstgenähten Busen durch die Buden. Der Zuckerwattemann dreht vor Staunen eine Zuckerwatte, so groß wie ein Traktorreifen, und die Kerle an der Schießbude ballern verwirrt ein paar Löcher in den Erster-Preis-Riesenteddy ganz oben im Regal. Ältere Herren räuspern sich Bemerkungen ab, wie »De klaane Webern werd ja langsam ä rischdschis Frollein«. Jawoll meine Herrn, so haben wir es gern. Da werden die Sylvia und ich jetzt mal ganz langsam zur Luftschaukel schlendern und dort ein bisschen sehr feminin und doch ausgelassen hin und her schaukeln. Wäre doch gelacht, wenn die Jungs sich nicht die Halswirbel locker schwenken bei unserem hochattraktiven Hin-und-her-Schaukeln! Aber nach nur zwei Minuten Schaukeln - ich hole mächtig Schwung - klappt meine Freundin Sylvia an ihrem Ende des Schaukelschiffs mit hochrotem Kopf unter albernem Lachgeschrei zusammen. Sie kriegt sich überhaupt nicht mehr ein! Sie muss aufpassen, dass sie nicht über Bord geht! Während sich meine Freundin in einem Lachkrampf sondergleichen kringelt, segeln zwei Stoffstücke in einer bedeutenden Parabelbahn zu Boden. Und ehrlich gesagt sehen sie aus wie meine selbstgenähten Büstenpolster. Ich äuge entsetzt in meinen Ausschnitt, wo dieselben fehlen. Himmel, hilf! Die Einlagen waren wie gemacht für stolzen Gang und zierlichen Sitz, aber das großartige Wiegen und Schwanken, das Krümmen und Stemmen auf der Luftschaukel haben sie gelockert, gelöst und davonfliegen lassen.

Als dralle Dirn bin ich eingestiegen, als flacher Witz steige ich wieder aus. Den Rest des Abends latsche ich mit verschränkten Armen über den Rummel. Beleidigt vom Leben und meiner eigenen Dämlichkeit. Aber es ist noch nicht zu Ende. Die Jungs werden sich noch wünschen, ich hätte nur ein paar Stofflappen untergesteckt.

Denn meine unzureichenden Nähkünste begleiten mich weiter durch die Pubertät. Zum Beispiel in die Schuldisko. Wir haben das Klassenzimmer ausgeräumt, verdunkelt und einen Sonett-Kassettenrekorder aufgestellt, dessen Plastehülle vibriert, während »Magic Fly« von Space oder »Follow me« von Amanda Lear oder gar »Mississippi« von den Pussycats aus den Lautsprechern schnarrt. Aber die mangelhafte Technik stört uns nicht. Wir sind ja die Generation Not-macht-erfinderisch, und deswegen habe ich statt einer Diskokugel eine Rundumleuchte vom Vati mitbekommen, die im VEB Stahlbau nicht mehr benötigt wird, weil der Arbeitsschutz am Rollladentor ja bereits allen Werktätigen in Fleisch und Blut übergegangen ist. Wir haben also Dunkelmunkel mit Flackerlicht, da kann man entspannt miteinander rumwackeln, wie Tanzen damals geht. Und dann kommt ja auch noch die »langsame Runde«. Nach dem Desaster mit dem Stopfbusen habe ich neuerdings mein Augenmerk auf die Betonung meiner echt schönen Hüften gelegt und mir einen Wildledergürtel geschneidert, der super hippiemäßig aussieht. Er ist nur nicht ganz fertig geworden zur Fete, weshalb die Jungs beim Schmusen jetzt plötzlich spitze Schreie von sich geben, wenn sie im Dunkeln ihre Hände so ein bisschen an meiner Taille herunterrutschen lassen wollen. Ich musste leider die unfertigen Nähte mit Stecknadeln befestigen. Unversehens war mein hipper Hüftgurt zum Keuschheitsgürtel geworden. Darum heißt es bei der langsamen Runde jetzt leider Akupunktur statt Massage. Aber sagte nicht schon Goethe in seinem berühmten Reiterhöslein oder Heideröslein: »Röslein sprach, ich steche dich / Dass du ewig denkst an mich!«

Immerhin gelte ich schon als angesagt genug, um zum Plattenhören zu Gerdi eingeladen zu werden. Gerdi, im Personalausweis natürlich nur Gerd, sieht aus wie der junge Sascha Hehn, kommt aus bester Familie, ist tipptopp in Form und auch noch gut in der Schule. Als wenn das nicht schon genug wäre, hat er Westverwandtschaft satt. Und zwar eine Westverwandtschaft, die ihm alle heißen Platten rüberschickt, die man sich nur wünschen kann. Die Webers hingegen haben keine Westverwandten, und wir haben überhaupt nur vier heiße Platten. Auf dem Elektroherd - und auch nur, wenn er an ist.

So lümmeln wir also bei Gerdi rum und hören »Pink Floyd« andächtig, als wäre es ein Gottesdienst, und die Jungs versuchen, sich ein bisschen in die Mädchen hineinzulümmeln. Wenn sich einer bei mir hineinlümmeln will, dann fange ich ganz laut an, mitzusingen, weil dann alle hergucken, und der Knabe ganz schnell wieder so tut, als wäre er nur auf seinem Ellbogen ausgerutscht.

Das ist ein bisschen fies von mir, aber irgendwie ist mir wie: Das sind noch keine richtigen Männer! Mit denen will man noch nichts Festes! Oder wie meine Oma immer sagt: Die sind nur was für den Kreislauf! In unserer Famlie ist niedriger Blutdruck ein Problem.

Aber ehrlich gesagt habe ich auch ein bisschen Angst vor dem Unausweichlichen. Es geht schließlich nicht nur um meine Stellung, sondern auch um meinen Ruf! Was, wenn der Junge meiner Wahl ausplaudert, wie dumm ich mich anstelle? Oder noch schlimmer: Was, wenn er selbst Angst hat, dass ich ausplaudere, dass er nicht wusste, wie man den Haken auf meinem Rücken aufkriegt? Was, wenn deswegen alles ganz furchtbar und peinlich und unzufriedenstellend wird? For ever young! Ha, da kann ich ja wohl nur lachen! Wer möchte eigentlich for ever den Nachmittag mit rasendem Herzen, schwitzend, raufend und schnaufend in einem kleinen Jungszimmer auf einem schmalen Klappbett verbringen? Immer in Gefahr, die ganzen herausgekrempelten Sachen nicht wieder rechtzeitig eingesteckt zu bekommen, wenn seine Mutter zum dritten Mal die Tür klopf-öffnet und heuchlerisch fragt, ob wir ein paar Kekse wollen oder eine Kanne Pfefferminztee.

Hinzu kommt, dass ich eine elektrisierende Persönlichkeit bin. Bei mir knistert es gewaltig, aber nicht so, wie sich das die Jungs vorstellen. Ob es geheime Erzadern unter meinem Elternhaus, das emotionale Spannungsfeld zwischen meinen Eltern oder das andauernde Tragen einer elektrostatisch-aufgeladenen Dederonschürze waren, Fakt ist, dass bei mir der Funke überspringt, wann immer ich in jemandes Nähe komme. Das gilt vor allem für die jugendlichen Reibereien. In null Komma nix bin ich auf 30000 Volt aufgeladen, und wenn der jugendliche Prinz meines Herzens sich mir mit seinen Lippen bis drei Millimeter genähert hat, kriegt er einen Stromstoß reingeknallt, dass er glaubt, ich hätte hinterrücks zwei Finger in der Steckdose.

Es wird nie aufhören. Ich war, ich bin und werde sein – Elektro-Woman. Mikrofone knattern und knacken, Lichter gehen aus oder flackern,

Radiosender rauschen, Uhren bleiben stehen, rätselhafte Selbstentzündungen eigentlich ausgedrückter Zigaretten oder ausgeblasener Kerzen werden mich lebenslang begleiten, wo immer ich auftauche.

Hinzu kommt, dass meine eigene Mutti sich dann doch als überraschend neugierig erweist. Ich brauche nur mal mit unordentlichen Haaren und einem rausgelupften Blusenzipfelchen vom Keramikzirkel oder der Chorprobe kommen, schon will sie wissen, was da war und bis wohin. Schon längst nicht mehr, um mich zu schützen. Jetzt, wo ich bald fünfzehn bin, macht sie sich doch Sorgen, dass ich vielleicht gar zu unterkühlt oder biestig bin, am Ende womöglich ein spätes Mädchen werde und bis zum Schluss zu Hause wohne und das Fernsehprogramm mitbestimmen will.

Die Nachtigall vom Comeniusberg

Wie auch immer: Das verträumte Mitsingen während der Plattenanhörungen bei Gerdi hat einen Nebeneffekt, der sich nach und nach zur Hauptsache auswächst. Es spricht sich nämlich herum, dass ich ein goldenes Kehlchen habe. Und als eines Tages in der Plattenbau-Gaststätte am Comeniusberg, unserem guten »Restaurant« mit der versammelten Haute Cuisine des Ostens, als da wären Ragoût fin mit Worcestersauce, sprich Raggefäng mit Worschästersoße, Steak au four alias Steg o fohr, Toast Hawaii, das warme Eckchen, für Unkundige: eine Scheibe aufgewärmter Schweinebraten mit Graubrotbemme, und natürlich Soljanka, der Wochenrückblick als Gericht, als also hier die moderne Beatmusik einkehrt, geschieht es. Am Abend, an dem in diesem nüchternen Etablissement zum Schülerball eine Coverband gastiert, verlangen meine Mitschüler am Ende, ich solle auf die Bühne, weil »de Katrin ka ganz doll singe«. Ich ziere mich nur ganz schwach, weil ich ja längst weiß, dass ich dahin gehöre, wo die Bretter die Welt bedeuten. Die Musiker verabreden mit mir einen stimmlich nicht übermäßig turbulenten Drei-Akkorde-Hit von Tina Rainford, und dann geht's los:

Katrin Weber, die »Nachtigall von Plauen« singt: »Si-hilver-Bird, keep on flying!«, dass sich die Styroporplatten an der abgehängten Decke biegen. In nie gehörte Höhen schwingt sich meine Stimme, und gebannt lauscht unten die Schar derer, die gar nicht wussten, dass man so hoch singen kann. Es existiert sogar noch irgendwo ein rarer Bootleg, ein Mitschnitt in »Sonett«-Qualität. Der wäre jetzt wahrscheinlich einige Tausender wert, wenn ... man noch was verstehen könnte.

Wenn es noch etwas gebraucht hatte, um meine Musiklehrerin Dagmar Schmidt von meiner Berufung zu überzeugen, dann war es jetzt geschehen. Sie nötigt meine Eltern förmlich, diese tolle Stimme in Ausbildung zu geben. Und zwar auf die Musikschule »Clara Wieck«. Meine Eltern zögern. Weil: De Katrin is ja nu ä weng unstet. Heute willse das, morgen was anners! Das ist ja keine AG nachmittags im Klassenzimmer! Irgendwas mit Klecksen oder Panschen! Das ist ernste Kunst! Wir machen uns doch zum Gespött der Leute, wennse dahin geht, und dann drei Wochen später hattse wieder keine Lust mehr. Wir kennen das doch! Die wer'n sich de Mäuler zerfetzen! »Hammse schon gehört? De Tochter von der Brigitte, der Fleischverkäuferin, die will itze ä Sängerin wer'n.« Aber meine Musiklehrerin bleibt fest. Ich sei ein Talent, das nicht vergeudet werden dürfe. Nach eingehender Beratung (»Talent, Talent! Von wem hat'se des denn eigentlich? Nu, von uns net. Des musse vom Opa hamm«) lassen mich meine Eltern nach dem Abendbrot antreten. Dann werde ich vergattert. »Da de ja offensichtlich wirklich schee singe kannst, machste des itze aber auch! Und zwar richtig. Wenn, dann muss sich des fei auch lohnen, der ganze Aufwand.« Es stellt sich heraus, dass die Notenlehre in der Musikschule stattfindet, der Gesangsunterricht aber am Theater. Meine Eltern fallen bald in Ohnmacht. Am Theater! Lauter Hanswürste und liederliche Kokotten! Unterwelt! Was haben wir getan? Das eigene Kind an den Tingeltangel verschenkt!

Meine Eltern haben ja keine Ahnung. Kulturschock Theater! Ich hatte ja immer gedacht, es gebe nur diese eine, etwas triste, zähe Realität, dieses flaue Grauen in den mauen Klauen von Plauen, aber als ich das erste Mal hinter der Bühne des städtischen Theaters durch die Gänge gehe, vorbei an Kostümen und Perücken, die nach Zauber und Angstschweiß riechen, nach Kryolan und Mastix, ist es um mich geschehen. Wo gibt es denn das, dass einem überallhin ein Scheinwerferspot folgt, wenn nicht auf einer Theaterbühne? Und alle sind so herrlich affektiert! In der Schule gelte ich als überkandidelt, aber hier bin ich so was von unterkandidelt. Ich bin geradezu ausdrucksbehindert gegenüber all den rollenden Augen und schallenden Gelächtern. Klein Katrin ist endlich durch den Kaninchenbau ins Wunderland gefallen.

Als ich meinen Gesangslehrer sehe, möchte ich am liebsten im Erdboden versinken vor Scham. Es ist Heinz Hentschel, der berühmte Plauener Operntenor. Ein kleiner Mann mit großer Stimme. Und: Er muss mich noch in unschönster Erinnerung haben! Denn gerade mal sieben Jahre zuvor haben meine Freundinnen und ich beim Schülerkonzert uns bald vor Lachen in unsere weißen Strumpfhosen gebissen, als er da oben auf der Bühne erschien, ein Gesangbuch mit beiden Händen weit von sich hielt, seine Lungenflügel ausbreitete, die Lippen formte wie ein Karpfen und lossang. Ich hatte so einen Lachanfall, dass meine Klassenlehrerin Frau Thoß mich mit ihrem Blick quasi niederbrannte. Das muss er mitgekriegt haben. Gleich wird er mich wiedererkennen und mich fortschicken mit den Worten, man möge mir erst einmal Respekt beibringen, bevor an eine Gesangsausbildung auch nur zu denken sei.

Aber nein. Ich habe Glück. Er war damals wohl so versunken in seinen Gesang, dass er das gackernde Knäuel aus Schülerinnen, die sich seinetwegen beinahe einpullerten, nicht sah. Ungewohnt demütig und brav merke ich mir also alles, was mir Heinz Hentschel sagt und zeigt. Und recht so: Ich muss lernen, dass ich bis jetzt eigentlich gar nicht gesungen habe. Singen geht völlig anders. Meine Stimme sitzt an der falschen Stelle, meine Atemtechnik ist irgendwo kurz vor asthmatisch. Aber das gibt sich, und bald darf ich abends für die »Zauberflöte« mit dem Chor der noblen Singakademie Plauen auf der Bühne stehen und singen! Wenn meine Mitschüler den Abendbrottisch decken müssen, fange ich erst mit der Probe an!

Es ist so unglaublich, dass ich abends manchmal vor Besonderheit gar nicht in den Schlaf finde. Hinzu kommt: Ich kann bald auch Noten lesen. Ich kann Vorzeichen deuten (wenn auch nur die auf den Notenlinien) und damit sogar aus einem schlichten »E« ein tolles »Eis« machen. Sogar vom Blatt kann ich singen. Musikunterricht macht plötzlich Spaß. Es fühlt sich an, als wäre ich gar keine Schülerin mehr, sondern die Hilfslehrerin! Für mich ist klar: Ich werde Sängerin!

Für andere ist das nicht so klar. Schon gar nicht für den grauen Mann von der staatlichen Berufslenkung, der uns in der zehnten Klasse besucht, um uns Mädchen unsere Perspektiven vorzustellen. Es sind insgesamt drei. Die Mädchen wollen zwar meistens Friseuse, Kindergärtnerin, Zahnarzthelferin, auf Hoch-Ostdeutsch auch stomatologische Schwester werden, aber in Aussicht gestellt wird ihnen dieses Jahr nur Industriefachdingsbums. Die Jungs können Anlagenfahrer oder Zerspaner werden oder sich für 75 Jahre als Berufsgefreiter bei der Dritten Muschkotenbatterie in Schlammnitz an der Feuchtwiese verpflichten. Alles andere wird gerade nicht benötigt in der Planwirtschaft. Also melde ich mich und sage mit extra glockenheller Stimme, dass ich den Wunsch hege, fürderhin die Menschen unseres Heimatlandes als Schlagersängerin zu erfreuen, weil ich gern sänge. Der Mann von der staatlichen Berufszuteilung kläfft ein hartes Lachen und meint: Schlagersängerin? Das ist ja eine spinnerte Idee, das ist gar kein richtiger Beruf! Und nur, weil du vielleicht gut singst? Da könnte ja jemand, der fein spricht, auch gleich Sprecher werden! Oder noch besser, jemand der gern vorne sitzt, Vorsitzender werden! Womöglich Diplom-Vorsitzender! Ober-Diplom-Vorsitzender am Ende! Hahaha! Er muss erst mal ins Taschentuch schneuzen, weil er sich schnotterig gelacht hat. Dann wird er wieder ernst. Wenn ich mich schon mit Akkorden auskennen täte, hätte er einen Job für mich. Als Schneiderin im Akkord am Fließband im VEB Plauener Damenkonfektion.

Ich bin deprimiert. Eben noch hatte ich gedacht, mit meiner auf langen Schulwegen belüfteten und geweiteten Stimme diesem Standort der ostdeutschen Textilverarbeitung zu entfleuchen, und dann heißt es plötzlich, Sängerin sei kein Beruf.

Ich muss umdenken. Dann werde ich eben Musiklehrerin. Auch wenn vielleicht momentan keine gebraucht werden. Dann warte ich so lange. Singe ich eben nicht für die Menschen, sondern nur für die Kinder. Aber als Eckehard Rösler, der Leiter der Plauener Singakademie, den Grund für mein fortan verdüstertes Gemüt erfährt, ergreift ihn initiative Wut. »Weißt du was, Katrin? Wir fahren nach Dresden! Ich stelle dich jetzt Elsbeth Plehn vor! Wäre doch schade um so ein Talent!« Und so rolle ich bald mit den beiden Koryphäen der Plauener Sangeswelt, Chorleiter Eckehard Rösler und Operntenor Heinz Hentschel, nach Dresden, wo eine strenge androgyne Dame mit Kurzhaarfrisur am Flügel sitzt und mich Töne und Tonleitern nachsingen lässt. Erst nur ganz vorsichtig von unten hinauf, dann höher und immer höher und höher. Frau Elsbeth Plehn registriert jeden getroffenen Ton mit einem feinen »Jaaaa«, dann mit einem interessierten »Ahaaaa!« und schließlich mit »Naaa sieh maal ainer aaan!«. Noch nie habe ich gehört, dass jemand so Vokale artikuliert. Als wir ganz oben angekommen sind bei den Tönen, irgendwo kurz unterhalb von Ultraschall, wo nur noch Fledermäuse die Prüfung weiterführen könnten, klappt Elsbeth Plehn plötzlich den Flügel zu. Ich erstarre vor Schreck. Wahrscheinlich habe ich zu hoch gesungen. Wahrscheinlich sind meine Stimmbänder krankhaft verkürzt. Wahrscheinlich war die letzte Oktave nur noch Möwengeschrei. Aber nein, Elsbeth Plehn klatscht leicht die Hände auf die Hosenbeine und hebt die Augenbrauen und sagt: »Dann nehmen wir das doch mal als Eignungsprüfung! Mein liebes Kind, Sie haben da eine sehr expandierfähige Stimme. Da geht ja einiges. Sie wären ja unter Umständen ein dramaatischer Sopraaan!«

Mir fällt vor Staunen fast der Unterkiefer ab. Ich bin nicht nur ein Talent. Ich bin ein ausbaufähiges Talent! Das ist ja wunderbar. O bitte, bitte! Liebe strenge Dresdner Gesangslehrer, baut mich aus, baut mich auf! Baut meine kleine vogtländische Amselkehle zu einer internationalen Schmetterstimme um! Spannt mich auf den Stimmexpander! Ich will in der Scala stehen und Pavarotti anschreien, dass dem die Wangen flattern.

Ein paar Wochen später darf ich zur offiziellen Aufnahmeprüfung fahren. Mit dem Vati und im Trabi (wir haben endlich einen, hat ja auch nur sechzehn Jahre gedauert). Es ist ein schlimmer, wetterwendischer Winter, und da die vormals getaute Straße wieder überfroren und dann auch noch zugeschneit ist, verliert unser kleines Pappauto bei der kreisrunden Kleeblattauffahrt auf die Autobahn etwas sehr Wichtiges. Nämlich die Bodenhaftung. Wir drehen uns im Walzertakt und schleudern auf die Autobahn, wo dösige Lkw-Fahrer mit ihren Sattelschleppern heranrasen. Gleich wird einer von denen unsere Pappe zusammenfalten, als wäre sie ein Schuhkarton. Ich brülle, wie ich noch nie gebrüllt habe! Mein Vati hätte beinahe das Lenkrad losgelassen, um sich die Ohren zuzuhalten. Dann irgendwann, nach einer gefühlten Unendlichkeit, erblicken wir irgendeine freie Spur und eiern wieder geradeaus – Richtung Dresden. Ich puste und räuspere, ich schlucke und denke, das war's! Jetzt haste dir deine Stimme ruiniert. Kaputtgebrüllt. Das Leben gerettet, aber die Zukunft verloren! Aber erste Tests ergeben, dass das Gegenteil der Fall ist. Gelockert hat sich meine Stimme. Frei schwingen meine Stimmbänder im Wind meines jungen Atems. Ich knödel die Tonleiter rauf und runter. Alles wie neu!

Aber das Unglück hat mich nur kurz losgelassen, damit ich Hoffnung schöpfe. Das Unglück will heute mit mir spielen. Denn als ich in den ehrwürdigen Hallen der Dresdner Hochschule für Musik »Carl Maria von Weber« meine Noten auspacke, sehe ich, dass es die falschen Noten sind. Genauer gesagt, die falsche Tonart. »Lachen und Weinen« von Schubert, aber in der Sopranversion. Doch ich brauche was Tieferes. Da stehe ich nun, dem Tode entronnen, habe die kehligste Stimme aller Zeiten und keine passenden Noten. Gott sei Dank bin ich nicht allein zur Aufnahmeprüfung gebeten, und Schubert scheint hier ja quasi jeder singen zu müssen. Deswegen quatsche ich einen jungen Mann an, ob er mir sein Liederbuch ausleihen könne. Der junge Mann ist bass erstaunt, was allerdings kein Wunder ist, denn er ist – ein Bass. Und was für einer! Es ist René Pape, der später einmal Grammy- und Echopreisträger sein und auf den bedeutendsten Bühnen der Welt stehen wird. Aber das weiß er zu diesem Zeitpunkt noch nicht, und deswegen leiht er mir mit der urwüchsigen Solidarität des Aufnahmeprüflings seine Noten.

Dann werde ich hereingerufen. Vati wartet draußen. Er ist auch der Mann mit einer ersten Einschätzung, als ich wieder herauskomme. »Warst fei weng leise!« Na ja, für jemanden, der als Trompete auf Kinderbeinen bekannt war, ein irritierendes Urteil, und es beginnt Unsicherheit an mir zu nagen.

»Hier, der junge Mann nach dir (besagter René Pape), der hat schee laut gesunge!«, meint Vati. Er hat eben ein Ohr für Weltstars! Na super, mir geht es schon viel besser!

Noch eine Viertelstunde warten, und dann steht es fest: Ich darf eine Sängerin werden! Egal, was der Mann von der staatlichen Berufslenkung darüber denkt.

Bandkasper oder Was rasselt nachts durch Plauen?

Da ich für die Aufnahme an der Musikhochschule eine abgeschlossene Berufsausbildung brauche (irgendwie hatte der Berufslenker also doch recht) und von meinen unzureichenden Nähkünsten immer noch genervt bin, mache ich nach der zehnten Klasse die angebotene Ausbildung zur Bekleidungsfacharbeiterin im VEB Plauener Damenkonfektion. Das passt ganz gut, denn ich kann meinen Kittel von daheim gleich anlassen. Hier sitzen alle in Dederonschürze und Hausschlappen an der Nähmaschine. Mit meist nur Unterwäsche drunter. Man wird aber auch gut warm, denn es herrscht Leistungslohn, und es gibt eine Norm! Schwups kommen die Behälter angerollt, und dann heißt es: Ärmel nähen, Ärmel nähen, Ärmel nähen, Ärmel nähen, Ärmel nähen. Bis der nächste Behälter kommt. Zur Abwechslung gibt es auch mal Manschetten zu nähen. Einmal nähe ich eine Woche lang nur Manschetten, und am Ende nähe ich quasi bewusstlos. Wie in einem Rausch. Wenn eine meiner Kolleginnen ihr

Taschentuch bei mir hätte fallen lassen, hätte ich sofort eine Manschette draus genäht. Ich habe in diesem Zustand aus Versehen die Norm gebrochen, was man untereinander nicht so gern hatte, denn das kann ja wohl nicht das Ziel des sozialistischen Werktätigen sein, dass er beim Arbeiten nicht mehr dazukommt, zu schnattern, zu scherzen und Schwänke aus dem Leben zu erzählen. Wenn man nämlich ein paarmal die Norm gebrochen hatte, wurde die Norm angehoben, und dann hätten meine altgedienten Kolleginnen auch wie rasend Manschetten nähen müssen und mich womöglich gehasst. Oder wären aus der Haut gefahren.

Aus der Schürze ist schon mal eine gefahren. Plötzlich und unerwartet springt die Kollegin eines schönen Sommertages vom Band auf und reißt sich ihren Dederonkittel mit so viel Schmiss herunter, dass keine Burlesquetänzerin von der Reeperbahn es besser gemacht hätte. Nur noch im weißen Unterzeug tanzt sie dann herum. Zappelt mit den Beinen, wedelt mit den Händen. Man hätte es für Striptease halten können. Aber das hätte wenig Sinn gemacht, denn in unserem Frauenbetrieb war um diese Zeit kein Männerauge weit und breit, das einen Kennerblick auf ihren in allerfeinstes Feinripp gewandeten Körper hätte werfen können. Der Grund war denn auch ein ganz anderer: Eine Wespe hatte sich vom Summen der Nähmaschinen anlocken lassen, war durchs sommerliche Fenster gebrummt und ihr unter die Achsel geschnuppert. Bekam dort Panik, stach los und rutschte der Unglücklichen auch noch weiter auf den Rücken, da die Kollegin eine der Schlankeren und zwischen Haut und Dederon reichlich Platz war. Versuchte sich noch viermal den Weg freizustechen, das dumme Ding. So half natürlich nur Nackigmachen, so schnell es ging. Da hatten die von Streuselkuchen und Eierlikören schon schön mollig gewordenen Kolleginnen gut lachen. Bei ihnen hätte sich nicht mal eine Ameise ins Dekolleté quetschen können.

Aber: Das Schneiderhandwerk wird meine textile Befreiung. Ich will es in einem Satz ausdrücken: Seit diesem Zeitpunkt war ich nie mehr schlecht gekleidet! Den Wunsch, ja, das dringende Bedürfnis nach Nadelarbeit hatte mir das Leben ohne Westverwandte schon früh eingegeben. Die Planwirtschaft war ja weng träge und schaffte es leider nicht, Bekleidung dann herzustellen, wenn sie modern und angesagt war. Um es etwas engherzig zu formulieren: Vom modischen Standpunkt aus produzierte man in der DDR eher Bekleidung, die dem nachempfunden war, was die Menschen im Westen etliche Jahre zuvor getragen hatten.

Wer also gern nach der neuesten Mode gekleidet sein wollte, musste selber nähen. Und zwar erst mal selber nähen können. Und das konnte ich jetzt! Als Zweites brauchte man Schnittbögen. Sie machen sich keine Vorstellungen von dem quasi geheimdiensthaften Handel mit westlichen Schnittbögen aus der »Burda«! Da wurde heimlich abgepaust, was das Zeug hielt. Überhaupt wurde im Alltag gespäht und geschnüffelt, ob jemand einen Westschnitt trug (»Marion, wieso sitzt deine Bluse plötzlich so gut? Selbst gemacht? Wo hast du den Schnitt her?«). Heute ist ja die Suche nach Schnittmustern und perfekter Passform nicht mehr so en vogue: Angesichts des Billigkrempels aus Asien könnte sich Marion heuer mit dem gesparten Geld eher ihre eigene Oberweite umschneidern lassen.

Wenn man dann noch weiß, dass es im Werksverkauf des VEB Plauener Damenkonfektion manchmal echten Jeansstoff gab, dürfte endgültig klar sein, dass mein Hinterteil nie wieder in der falschen Verpackung herumlaufen musste.

Wie schon gesagt: Die Norm habe ich nur einmal geschafft. Sonst hätte ich ja keine Zeit mehr gehabt, Witze zu machen und meine Kolleginnen als Fließbandkasper zu unterhalten, und das am laufenden Band.

Hin und wieder verging uns allerdings auch das Lachen, denn von unserem Fenster aus hatte man einen ausführlichen Einblick in den Hof der Russenkaserne neben unserem Werk. Da unten wurde die Rote Armee mit einer derartigen Gewalt zusammengehalten, dass sie besser den Namen Verrohte Armee getragen hätte. Uns kam es vor wie ein Blick ins 18. Jahrhundert. Ich hatte die Besenstiele in den Händen der Unteroffiziere zunächst in aller Unschuld für Trainingsgeräte gehalten, bis sie damit auf den Rücken der Rekruten herumprügelten. Diese Brutalität war völlig unglaublich! Hierzulande wurde zuweilen auch herumgeschnauzt, und miese Typen ließen sich auch mal Schikanen einfallen, aber Prügel gab es nicht. Noch dazu auf so junge Burschen, die unglücklich in ihren unförmigen sandbraunen Uniformen hingen und denen man die Köpfe kahlrasiert hatte wie Sträflingen. Welchen Sinn sollte das haben, wenn man auf Jungs, die sich beim Klimmzügemachen quälen, auch noch einschlägt? Konnte man die stark prügeln? Oder so lange zusammenschlagen, bis sie wieder Lust hatten? Was war das für eine mittelalterliche Welt da unten? Bei den Freunden aus der Sowjetunion! Wir Damen von der Damenkonfektion waren jedenfalls so betroffen, dass eine meiner Kolleginnen sagte: »Die armen Kerle! Des kammer sich doch nimmer länger aguckn! Ich ruf itze bei der Kommandantur an!«

Das war natürlich eine irre Idee, denn es war eher unwahrscheinlich, dass der Chef der Sowjetischen Militärkommandantur am Telefon gesagt hätte: »Njet! Was saggen Sie? In meine Kommandobezirk werden geschlagen Untergegebene? Ich kann nicht glauben! Entschuldigen Sie, aber ich erst mal muss setzen mich auf den Schreck! Wassili, schnell, bringen mein Riechsalz! Ich bin nahe an die Ohnmacht! Ich natürlich mache sofort Ukas für schlimme Bestrafe von diese Grobiane! Sie haben Ehrenwort mit mir als Kommunist und Russe! Ich lasse noch heute erlesene Auswahl von Konfekt zusenden die Damen! Lang lebe deutsch-sowjetische Druschba! Hurra! Hurra! Hurra!«

Eher schon wäre unser kleines Kollektiv wegen antisowjetischer Propaganda und Hetze aufgelöst und wir alle einzeln zur Bewährung auf ein paar Käffer im hintersten Vorpommern verteilt worden, wo der Bus nur alle zwei Monate hält. Deswegen schauten wir lieber nicht so viel hin und genossen das schaurige Gefühl, in einer der komfortableren Zonen des Weltsozialismus zu leben.

In diese Zeit fällt auch mein erster Kontakt mit dem Teufel Alkohol. In verschiedensten Verkleidungen war er schon an mich herangeschlichen, aber ich hatte mich stets geziert. Bei Wein sagte ich »Nein«, bei Bier »Fort mit dir«. Die Jungs konnten mir ihre Flaschen hinhalten, bis ihnen der Arm zu zittern begann. Ich wurde nicht schwach. So war ich. Na ja fast. Manchmal habe ich auch einen Schluck genommen. Aber wirklich nur, damit die Jungs von meiner Keuschheit und Tugend nicht bis ins Mark gedemütigt wurden. Doch nun, da ich zarte siebzehn Lenze zählte und meine Leber immer noch so rein war wie lauter Gold, sollte der Teufel Alkohol in sein buntestes, verführerischstes Kostüm schlüpfen, um mich mit einem gewaltigen Kehraus zum Gespött der ganzen Stadt zu machen.

Es begab sich nämlich zu dieser Zeit, dass eine meiner Schneidermiezen vom Band im VEB Damenkonfektion einen wackeren Junggesellen und Kollegen meines Vaters aus dem Plauener Stahlbau ehelichen wollte. Am Polterabend stand ich vor dem Spiegel und bewunderte meine edle Gestalt, eingezwängt in eine superenge schwarze Hose, aus der mein leider unerheblicher Oberkörper in einer pinkfarbenen Rüschenbluse hervorspross wie eine solitäre Rose, eingehüllt in einen romantisch weiten, langen, schwarzen Mantel. Das dunkle Haar wellte sich in einer enorm geföhnten Außenwelle, und selbst mein Damenbart wirkte irgendwie apart. Ich sah ja aus, wie Marianne Rosenberg gerne ausgesehen hätte. Und um mich vollends zum Kracher des Polterabends zu machen, überreichte mir mein Vati zum Abschied noch zwei selbstgefertigte Rasselbüchsen, die er unter großzügiger Auslegung des Begriffes »Ausschuss« im VEB Stahlbau aus Blechbüchsen mit angeschweißten Griffen, gefüllt mit Bolzen und riesigen Unterlegscheiben, selbst gefertigt hatte.

Doch als ich in die kleine Wohnung der angehenden Eheleute kam, wurde mir schnell klar, dass der Glanz meiner Schönheit und die Lautstärke meiner Rasseln nicht das Gejohle und den Zigarettenqualm durchdringen würden. So musste sich grauer Star anfühlen. Ich hörte viel Lärm und sah fast überhaupt nichts. Im Wohnzimmer angekommen, fand ich im Nebel eine herrliche, weiß eingedeckte Tafel angerichtet. Ich nahm Platz, und jemand reichte mir sogleich ein mit Obst und Flüssigkeit gefülltes Glas, um meine geräucherte Kehle zu benetzen. Nachdem ich zwei oder drei davon getrunken hatte, kehrten meine Lebensgeister wieder. Sie kehrten nicht nur wieder, sie brachten auch gleich noch Jux und Flax mit. Das war ein ganz ungewohnter Effekt dieses wohl allgemein als Bowle bekannten Getränks. So war mir Obst überhaupt noch nie bekommen. Ich begann mich unter dem Einfluss dieser Bowle etwas zu produzieren. Erzählte Witze, machte Parodien über Kollegen und das Brautpaar, erfand komische Dialoge ... und unter fortwährendem Gelächter reichte man mir weitere gewaltige Kellen dieses belebenden Gesöffs. Es muss so gegen Mitternacht gewesen sein, da der Mut in den Männern gestiegen war, als einer von denen mich von meinem Platz hochzog, um ein Tänzchen zu wagen. Ich entdeckte sofort, dass die geistige Belebung durch die Bowle mit dem Erlahmen aller übrigen Körperteile erkauft worden war. Überdies war die Musik von Schall zu Hall und dann auch noch zu Doppelhall geworden. Auf nur schlecht gehorchenden Gummibeinen, wie ich sie seit meinen ersten Schritten von der Kommode in die offenen Arme meiner Mutti nicht mehr erlebt hatte, wankte ich ein halbes Ründchen arhythmisch mit dem Mann durch die Tanzenden. Dann verließ ich ihn abrupt und schleuderte durch den Flur wie auf einem Ozeandampfer bei Orkan Richtung Toilette. Nachdem ich mir beim Versuch, den Finger in den Hals zu stecken, beinahe die Augen ausgestochen hatte, war wohl schon eine ganze Viertelstunde um, und andere Gäste klopften wiederholt an die Tür. Ich gab also den Versuch der Erleichterung auf und schleppte mich wieder zurück auf meinen Platz an der Tafel. Da ich nun auch für andere ersichtlich litt, stellte man mir einen Pott Kaffee hin mit den Sätzen: »Wie siehsd denn du aus?! Gäddors net gud? Trink mal'n Kaffee!«, was ich dann leider auch versuchte. Der schwarze Sud regte tatsächlich meine Nerventätigkeit an, und mein Schlund begann sich daran zu erinnern, was ich mit dem Finger in ihm gesucht hatte.

Ich weiß noch, wie ich dachte, das merkt doch jetzt bestimmt keiner, wenn ich mich hier so ein bisschen ganz lieb und fein vor mich hin erbreche ... Ich legte sogar noch die Arme auf der weißen Tischdecke zu einer Art Schüssel zurecht, um das mit Macht Wiedergekehrte ein bisschen zusammenzuschieben und die Beschmutzung des weißen Tischlinnens in schamhaften Grenzen zu halten.

Allein, man wurde aufmerksam! Worte wie »So ä Sauerei! Jetzt gädd'se abor!« hallten durch den schwankenden Raum. Unter Lärm und Empörung, dem Geräusch von panischer Mobiliarbewegung, Eimerherbeischleppen und fluchendem Geschirrabräumen, verließ ich das Fest, um mich auf den Heimweg zu machen. Die Winterkälte, die draußen so ganz fremdartig unisoliert durch meine Bluse drang, gab mir ein erstes Gefühl allgemeiner und umfassender Besudelung. Ich musste eigentlich nur die Straße bergab, aber die Bremswirkung meiner Oberschenkelmuskulatur setzte in nicht vorherzusehenden Abständen aus. Das in Plauen bis dahin noch nie gehörte Geräusch einer lallenden Frau, die alle paar Schritte wie erschossen niederstürzt und dabei die selbstgebauten Rasseln scheppernd aus dem weiten Mantel verliert, erfüllte meine nächtliche Heimatstadt. Wer daraufhin aus dem Fenster sah, konnte eine junge Dame erblicken, die, unartikulierte Laute ausstoßend, auf allen vieren die verstreuten Rasseln wieder einsammelt, um sich ganz damenhaft aufs Neue zu erheben, dann aber, im Willen, konzentriert voranzuschreiten, quer über die Straße driftet, um schließlich, durch geheimnisvolle Scherwinde zurückgeweht, wieder auf den Bürgersteig zu kollern. Dazu gesellten sich bald Töne spleißender und reißender Textilien, da mir die enge Hose bis sonst wohin aufriss und mir ein Ärmel lose ging.

Als ich am nächsten Morgen meine Hose, meine Bluse und meinen Mantel vom Bügel im Bad nahm, blieben sie überraschenderweise in der Form, in der ich sie aufgehängt hatte. Kurz: Es war alles ganz furchtbar, und sterben wollte ich sowieso. Vor allem, als ich mich pflichtbewusst in den Betrieb geschleppt hatte und ans Band schlurfte, wo man sich wohl wissend zurief: »Itze kimmtse!«, und, als ich vorbeischlich wie ein geprügelter Hund, heuchlerisch nachfragte: »Na, wie geht's denn heute so?« (Ich muss wohl nicht erwähnen, dass ich an diesem Tag meine Norm auch nicht geschafft habe.)

Bevor ich mich aufmache in die Welt des schönen Scheins, muss ich auch noch lernen, dass mehr Schein als Sein in der wirklichen Welt eher undufte ist, wie der Berliner sagt. Ich fahre nämlich mit meiner Freundin Andrea nach Berlin. Andrea ist ein cooles Mädchen, das segelt und Ski fährt. Zwei Tätigkeiten, die mir aufgrund vorgenannter motorischer Unbeholfenheiten leider versagt sind. Wir haben nicht viel Geld und zelten deswegen am Rand von Berlin. Was das Zelten angeht, darf mein siebzehntes Lebensjahr als das einzige klitzekleine Zeitfenster gelten, in dem das halbwegs möglich war. Wie der Tauchreflex beim Babyschwimmen hat sich auch die Fähigkeit, zu zelten, im Laufe meiner Reifung unwiederbringlich zurückgebildet. Heute lebe ich nach dem Motto: Willst du gelten, geh nie zelten! Von unserem Zeltplatz aus fahren wir mit der S-Bahn ins Herz der

Hauptstadt, trollen herum und beschließen, zum Abend in die Diskothek im Fernsehturm am Alexanderplatz zu gehen. Ein Beschluss, wie ihn jeden Abend ein paar hundert junge uninformierte Menschen fassen. Und die stehen dann auch in Schlangen, die so lang sind wie die vor dem Lenin-Mausoleum, vor dem Einlass. Das ist natürlich misslich, denn es sieht so aus, als kämen wir heute nicht mehr hinein. Und das, obwohl wir beide extraheiße selbstgeschneiderte Klamotten anhaben. Ich sage nur: Karottenjeans! Und weiße Blüschen mit Puffärmeln! Wir sehen aus, fast wie aus dem Westen. Das bringt Andrea irgendwann auf die Idee, ich könne doch mal meine parodistischen Fähigkeiten einsetzen und so tun, als wäre ich ihre Cousine aus dem fränkischen Westen. Nun ist es für eine talentierte Vogtländerin durchaus im Bereich des Möglichen, ein hier in Berlin noch nie gehörtes Franken-R zu rollen. In Bad Brambach und Sonneberg wird schließlich immer so gesprochen, aber das wissen die verblasenen Hauptstädter natürlich nicht. Also fange ich fein an zu fränkeln und rolle meine R, während ich mich über die »Rundreise« durch die DDR auslasse und meine »Cousine« Andrea frage, ob ich genug »Rouge« draufhabe. Ha, und was geschieht? Man winkt uns von vorn und winkt uns durch. Klar, die wollen, dass wir hier Westlappen am Tresen lassen, die elende Schieberbande! Aber wir sind am Ziel. Wir sind drin. Nur das zählt.

Das Problem ist, dass sich meine angebliche Herkunft aus Westdeutschland in dieser zentralsten aller Tanzgaststätten herumgesprochen hat. Mädchen wollen auf dem Klo irgendwelche Schminktipps, und drüben an den Tischen vor der Tanzfläche erheben sich sofort schockweise erotisch ausgehungerte NVA-Soldaten in schlecht sitzenden Uniformen, um ihren raren Ausgang mit einem Tänzchen mit der heißen Westschnitte zu krönen. »Det hätt' ick jetzt nich jedacht«, berlinert mich denn auch einer beim Tanzen an, »det ick heute noch mit'm echt bayrischen Mädel tanze!«

Aber die Rache des Schicksals naht. Niemand gibt sich ungestraft als Wessi-Tussi aus. Schon gar nicht Desaster-Katrin aus Plauen. Um 22 Uhr geht plötzlich das Deckenlicht an, augenschmerzendes Neonröhrenlicht, und dann heißt es »Ausweiskontrolle!«. Alles, was unter sechzehn Jahre alt ist, muss nach Hause gehen. So streng sind die Sitten, auch im Schatten des Fernsehturms! Ich hoffe noch einen Moment, dass die Schande an mir vorübergeht, und reiche dem Kontrolleur meinen blauen Personalausweis verstohlen unter dem Tisch, aber der kennt keine Gnade und hebt die vermaledeite Pappe für alle gut sichtbar hoch ins Neonlicht. Er hebt und wendet und dreht meinen Personalausweis, als müsse er ganz sichergehen, dass alle Anwesenden den Ursprung meines Ausweises in der Deutschen Demokratischen Republik erkennen können. Und wie bei Vampiren, die ein Sonnenstrahl trifft, zerfällt auch unsere kleine Westmaskerade im Neonlicht der Alex-Disko zu Asche.

Andrea und ich starren uns eine halbe Minute gequält an, aber dann wissen wir, dass unsere Anwesenheit hier drin nicht länger möglich ist. Auch nicht, wenn die Neonröhren wieder aus sind. Andrea bringt es auf den Punkt mit dem leisen Satz »Isch muss itze sofort hier naus«. Da ihre fränkische Cousine ebenso empfindet, meint die nur »Raus hier«, wobei sie vollkommen vergisst, ihr R zu rollen. Wir kramen unser Zeug zusammen und schleichen im gedimmten, diffusen Licht, verfolgt von hämischen Blicken, nach draußen, während einer von den genasführten NVA-Jungs uns nachgrölt: »Kommt jut über die Grenze, Mädels!«

Was stimmt mit dieser Stimme nicht?

So lustig es war am Band in der VEB Damenkonfektion Plauen, ich muss fort. Ich muss studieren. Schließlich habe ich diese tolle, expandierfähige Stimme, und wir wollen doch mal sehen, wohin mich diese Expansion noch bringt. Vielleicht expandiert sie ja ins Ausland?

Also hinein ins bunte Studentenleben in der sächsischen Residenzstadt Dresden. Ich beziehe ein Zimmerchen in einer flotten WBS-70-Neubau-Studenten-WG. Sie erinnern sich: Die kleine Stehküche mit der »Durchreiche«! Förderte zwar Bandscheibenvorfälle, war aber damals der letzte Schrei. Mir ist zwar nie ganz klargeworden, was daran modern sein sollte, dass die Familie am Essenstisch in Ruhe durch eine Glasfront beobachten kann, wie Mutti dunstschwadenumhüllt in der engen Küchenzeile mit dem Gulasch und den Kartoffeln kämpfte, um schließlich durch das Schiebefenster in unbequemer Hüfthöhe eine Art Lukenfütterung vorzunehmen, aber egal. Studenten benutzen Küchen ja sowieso etwas anders.

Mehr so zum Abstellen. Im Gegensatz zum Dasein der bedauernswerten Nichtstudenten ist das Studentenleben ja nicht um Essen und Schlafen herum aufgebaut, sondern um das Feiern. Gegessen wird nur, um trinken zu können, und Schlaf ist, wenn einem um halb drei plötzlich die Augen ausgeknipst werden, obwohl man eben noch was sagen wollte ... Ich habe es genossen! Auch diese Freiheit, manchmal nicht zu wissen, wo man heute übernachtet. Die Straßenbahn fuhr nur bis um elf Uhr nachts, und da fingen wir ja gerade erst an! Diese Freiheit, mit nichts unterwegs zu sein als sich selbst – und einer Zahnbürste. Die Zahnbürste muss sein. Sänger haben es eh mit dem Mundgeruch, denn wer aus Berufsgründen dem anderen seinen Aushauch ins Gesicht dampfen muss, der weiß: Gestank tötet Gesang! Und bei unseren Studentenfeten werden überdies billige Wermutweine und Verschnitte unsicherer Herkunft getrunken und auch schon maaal eine oder zwei Zigaretten geraucht, da will man am nächsten Morgen, auf irgendeiner Matratze liegend, nicht vom eigenen Atem geweckt werden. Außerdem könnte ja einer neben einem liegen, und dann ist die Zahnbürste erst recht vonnöten.

Bei Studentenpartys wird übrigens nicht nur zum Vergnügen geraucht und getrunken, sondern auch, um sich zu beweisen! Denn wenn man nach einer Schachtel Club und einer Flasche Gotano immer noch die stählernen Spitzen der Königin der Nacht aus Mozarts »Zauberflöte« trillern kann, dann ist man doch wohl Sängerin durch und durch. Wobei man nicht vergessen darf, dass man sich beschwipst viel besser singen hört als nüchtern.

Aber he, wir sind Studenten! Das heißt vor allem in den ersten Semestern: Wir können und wissen alles besser. Wir lungern in irgendwelchen Opernvorstellungen und befinden in der Pause lässig, dass der Kammersängerin heute öfter mal »hinten raus die Töne wegbrachen« (wobei mit ›hinten raus‹ gegen Ende ihrer Partie gemeint war). Wie man eben so urteilt, wenn man noch nicht selber abliefern muss.

Doch die Rache naht. Denn schon die ersten Monate an der Hochschule für Musik »Carl Maria von Weber« bringen mich sängerisch an den Rand der Verzweiflung. Die Ausbildung ist fordernd, und nicht nur ich habe den Eindruck, dass meine Stimme vom ganzen Singen nicht größer, sondern kleiner wird. Das endlose Auf-Höhe-und-Lautstärke-Trimmen bekommt meiner Stimme gar nicht. Es mag ja Stimmen geben, die in solch einem Training wachsen und gedeihen, meine tut es jedenfalls nicht. Wer immer dachte, dass man aus mir eine große Stimme machen könne, denkt bald nicht mehr so. Die Euphorie verfliegt, und nach ein paar Monaten muss ich in die rätselnden Gesichter meiner Gesangslehrer schauen: Was ist die denn jetzt? Lyrischer Sopran? Mezzosopran? Klassik? Unterhaltung? Noch ein paar Wochen später habe ich mir sogar so was wie eine Stimmblockade angesungen. Eine veritable Delle zwischen Brust- und Kopfregister. Meine Stimme hängt in der Mitte durch, und statt einer habe ich jetzt sozusagen zwei Stimmen. Wie so ein Dreizehnjähriger.

Eines Tages schließlich erklärt mir sogar die Gesangsprofessorin Ilse Hahn, dass ich mit dieser Performance jedenfalls »nur bedingt Chorfall« sei. Von einer Solokarriere ist gleich gar nicht mehr die Rede. »Bedingt Chorfall«, das heißt, dass man nicht mehr zu den »Fetzern« gehört, den Talenten, den vielversprechenden Einzelstimmen. »Bedingt Chorfall« heißt, dass man etwas besser singt als ein betrunkener Bürgermeister nach dem Bockbieranstich. Das heißt, vielleicht reicht es am Ende für einen Theaterchor. Natürlich nicht an den ersten Häusern. Sondern irgendwo auf der Nu-Freilich-Bühne in Nie-gehört-hinterm-Wald, aber wie gesagt, nur unter Umständen. Und natürlich heißt es, dass es keinen Unterricht bei solchen Spitzenlehrkräften wie Ilse Hahn mehr gibt, sondern nur noch allgemeines Liederträllern im Abklingbecken dieser Eliteschmiede. Wo man nur noch lernt, wie man im Chor hin- und herschunkelt, wenn der Tenor was Heiteres singt.

Als mir die Tränen in den Augen stehen, versucht Ilse Hahn, mich aufzumuntern. Doch entweder ist sie nicht sehr begabt im Trösten, oder es steht noch schlimmer um mich, als ich befürchte. Sie ringt ein bisschen die Hände und wippt auf dem Sitz hin und her. Und dann sagt sie: »Aber Sie können doch auch schön zeichnen, habe ich gehört!«

Wenn man in einem Haus steht, wo rings um einen her Korrepetitoren artig Flügel spielen und seidig-strahlende Stimmen auf und nieder schweben, und eine Gesangslehrerin verweist verlegen darauf, dass man doch auch schön zeichnen könne, ist das in etwa so, als hätte sie gesagt: »Sie haben doch so flinke Hände! Haben Sie schon mal über eine Tätigkeit in der Leergutannahme beim Konsum nachgedacht?« Ich denke schon. Depression.

Statt mich sofort aus dem Fenster fallen zu lassen, lasse ich mich lieber in die Arme eines Mannes fallen, und als ich wieder daraus hervorkomme, habe ich einen kleinen Sohn und meine Stimme wieder. Ich wusste nicht – und Sie wussten es wahrscheinlich erst recht nicht –, dass die üppigen hormonellen Umstellungen im Körper einer werdenden Mutter ihrer Stimme neue Kraft verleihen. Die Stimmbänder eines schüchtern piepsenden Fräuleins, eben noch wacklig und schwach, werden plötzlich löwenmäßig stark. Evolutionsbiologisch eigentlich naheliegend, denn was braucht eine Mutter vor allem, wenn ihr kleiner Dreikäsehoch später nicht rechtzeitig zum Abendbrot erscheint? Eine Donnerstimme zum

Aus-dem-Fenster-Bläken! Nun kann man nicht jeder strauchelnden Gesangselevin empfehlen, zum Zwecke der Heilung ein Kind zu bekommen, aber bei mir hat es funktioniert. Als wir nämlich im dritten Studienjahr das Fach Musical/Chanson bekommen, sitzt Horst Ludwig, der immerhin Oberspielleiter an der Staatsoperette Dresden ist, beim Vorsingen da und starrt mich an wie eine Erscheinung. Na gut, ich bin jung und – abgesehen von meinem anatolischen Oberlippenflaum – nicht eben hässlich, aber das kann es doch nicht sein. Also singe ich etwas starr vom vielen Anstarren zu Ende. Horst Ludwig schließt seine im Verlauf der Darbietung herabgesunkene Kinnlade und wirft vor Begeisterung seinen Kugelschreiber aufs Papier. Dann ruft er: »Mein Kind, du gehörst auf die Musical-Bühne!«.

Horst Ludwig, ein echter Operetten-Maniac (er wird im Alter von 71 mitten in den Proben zu »Wiener Blut« in Eisenach an einem Herzanfall sterben) weiß noch nicht, was er sich da eingebrockt hat. Denn Ludwig, der bei heiterer Muse keinen Spaß versteht, wird seine liebe Not als Regisseur mit mir haben, vergackert, wie ich bin. Aber das spielt jetzt erst mal alles keine Rolle, denn da hat einer gesehen und gehört, was ich im Stillen schon ahnte: Ich bin nicht schlecht. Ich bin nicht falsch. Ich bin einfach meine eigene Kategorie. Eine Klasse für sich. Ich singe und spiele große Oper, aber eben ein bisschen mit Anführungszeichen. Mit Anführungszeichen bin ich auf die Welt gekommen. Ich bin komisch und eine Diva. Eine komische Diva.

Jetzt endlich darf ich den Weg gehen, den meine Stimme und mein Gebaren mir schon immer gewiesen haben! Und es fühlt sich fast so an, als wäre dieser Weg nur für mich gepflastert worden. Bevor ich damit anfing, war das Fach Musical/Chanson eine Art Zeitvertreib für die angehenden Opernstars. Fakultativ, eine nette Ergänzung, etwas, das das seriöse Curriculum an der Hochschule für Musik Carl Maria von Weber etwas »abrunden« sollte. Damit die Sopranistinnen und Tenöre, die Altistinnen und Bässe wissen, dass jenseits der großen Arien noch eine Welt existiert, in der manierlich gesungen und getanzt wird. Doch nun werde ich die Erste sein, die als Solistin einen Abschluss als Musical/Chanson-Fachstimme machen darf.

Ich bin wieder wer und bekomme sogar eine neue Gesangslehrerin. Elisabeth Wilke, eine schlanke, schöne Frau und imposante Erscheinung, die als Mezzosopranistin an der Semperoper in Dresden wie auch hin und wieder im westlichen Ausland singt. Ein Umstand, den ich außerordentlich schätze, denn Elisabeth Wilke unterrichtet gerne bei sich zu Hause, und dort riecht es – dank der Engagements im Westen – wie im Intershop, und man möchte eigentlich nach jedem Lied ins Bad und sich die Hände mit der dort ausliegenden Palmolive- oder Lux-Seife waschen. Den Nachgeborenen kann man das heute gar nicht mehr so klarmachen, wie das duftete, weil die Welt von heute ja insgesamt tausendfach parfümierter daherkommt, aber damals, als nur der Ausrauch von Zweitaktmotoren und Mottenkugelduft die ostdeutsche Luft bewohnten: Herrlich!

Elisabeth Wilke »singt mich wieder frei«. Vielleicht war ich nicht die neue Elisabeth Schwarzkopf, aber im Musical bin ich wieder vorne dran. Zumal ich den besten Korrepetitor bekomme, der jemals eine solche Konfusion von Mädchen wie mich begleitet hat. Hans-Joachim Hutschenreuther! Der hat mich nicht nur begleitet, der hat »mitgeatmet«. Es gibt ja in unserem Gewerbe auch Pianomechaniker, die stumpf die vornotierten Tasten drücken und einfach weiterspielen, eine verzweifelt verstummte Sängerin mürrisch hinter sich lassend. Aber so einer ist Hans-Joachim nicht. Der schwingt mit und lässt ein paar Arpeggien dazwischenträufeln, wenn ich mal in meinem Hirnkasten nach der nächsten Zeile krame. Das kann er sich leisten, denn Hans-Joachim Hutschenreuther ist ja keiner dieser steifen Notenumblätterer, sondern spielt alles von ein paar Zetteln voller Harmonien herunter. Nix Notenheft mit barocken Schnörkeln vorn drauf und fein gedruckten Noten innen drin! Nö, Notizblätter mit ein paar Akkorden liegen auf dem Klavier, während Hutschenreuther meinem bald zögerlichen, bald davoneilenden Gesang geschmeidig auf den Fersen bleibt, als hätte er sich angekettet. Die Blätter liegen da übrigens nicht aus Nach- oder auch nur reiner Lässigkeit. Das Musical und das Chanson sind ja originäre Produkte der spätkapitalistischen Unterhaltungskultur, also aus dem Westen, und dementsprechend schlecht erhältlich sind Noten und Partituren. Hans-Joachim hockt nächtens am Tonband, um Melodien und Texte aus dem feindlichen Äther zu filtern. Es ist jedenfalls toll, was er mit seinem absoluten Gehör und einem Blatt Papier und einem Bleistift dem Weltfunk ablauscht, und am Anfang frage ich mich, woher er das Geld für die ganze teure Technik und sogar noch einen importierten Mazda hat. Bald weiß ich es. Hutschenreuther muggt, will sagen, er gibt nebenberuflich musikalische Gastspiele. Zusammen mit Marita Böhme, der gefeierten Schauspielerin und Chansonnière vom Staatsschauspiel Dresden, ihrem Kollegen Justus Fritzsche und vielen anderen Künstlergrößen tingelt er durch die Kulturhäuser. Und weil ich ein bisschen zum langsam flügge werdenden Nachwuchs dieses Genres gehöre, nimmt Hans-Joachim mich bald mit zum Tingeltangel. Entweder als dritte Stimme mit den beiden Großschauspielern oder gemeinsam mit einer bunten Truppe singender Studenten wie dem später berühmten Countertenor Axel Köhler.

Wir haben gut zu tun. Die Arbeiterklasse soll ja

im Sozialismus nach dem Willen der Partei- und Staatsführung qualifiziert amüsiert werden, da kommt so ein bunter Strauß heiter-frivoler Melodien und Rezitationen, den wir auf die Bühne bringen, gerade recht. Denn was wünscht sich der Dreher, der Fräser oder der Mann aus dem Kaltwalzwerk am meisten nach Feierabend? Artige Liedchen, feine Lyrik, arabeske Humoresken und Aphorismen, dass sich ihm die Synapsen kringeln! Kaum, dass er sich die öligen Hände mit Schmierseife geschrubbt hat und aus dem Blaumann gestiegen ist, strebt er schon mit schneeweiß gestärktem Chemisett zur volkseigenen Betriebsgaststätte, um sich dort auf das Köstlichste amüsieren zu lassen, während er an einem Schaumwein nippt. Natürlich nur ein, zwei kleine Flöten, denn morgen will er ja wieder klar und ausgeschlafen den Plan erfüllen. So ungefähr müssen die Vorstellungen der Kulturfunktionäre gewesen sein, und es spricht für die komplette Entfremdung zwischen Volk und Führung, dass bei unseren Muggen in den Volkseigenen Betrieben regelmäßig die Hölle niederster Instinkte ausbrach. Aber vielleicht war die Arbeiterklasse einfach nicht vorbereitet auf ein so dralles Fräulein, wie ich es war.

Als hätte nämlich das Schicksal fünfzehn Jahre auf Rache für mein unreifes Gackern im Plauener Musiktheater gewartet, muss ich jetzt im schwarzen Exquisitplisseerock einer ostdeutschen Möchtegern-Diseuse auf die improvisierte Bühne des

VEB Fettschmelze und Tierkörperverarbeitung treten, wo mir gewaltige Wolken proletarischen Bieratems entgegenschlagen. Ich habe kaum angefangen, mit großer existentialistischer Gebärde »Sous le ciel de Paris« zu singen, als schon erste Änderungsvorschläge der Werktätigen, wie etwa »Ausziehen!« an mein Ohr dringen. Ich singe also mein Chanson klamm zu Ende, während ich angsterfüllt hinunterschiele, wo eine Hundertschaft ausgelassener Fettsieder herumgrölt. Mein Kollege Axel Köhler, der nach mir dran ist, wird freilich nicht mit Entkleidungswünschen behelligt. Vielleicht liegt es aber an seinem gefühlt zwanzigstrophigen Reinhard-Mey-Lied mit dem hier unwillkommen realistischen Titel »Wir sind alle lauter arme, kleine Würstchen«, dass jetzt im Saal das Interesse für das Geschehen auf der Bühne zusammenbricht. Stattdessen beginnt allgemeines Palaver zu brodeln. Die Werktätigen treten in den Erfahrungsaustausch. Kollege Köhler, schon ganz kommender Kammersänger, hat irgendwann denn auch die Nase voll. Er bricht mitten in der Strophe ab und sagt ins Mikrofon: »So, meine Damen und Herren! Ich sehe, Sie wollen lieber trinken und reden! Wir machen an dieser Stelle Schluss!« Und verlässt in derselben Sekunde die Bühne. Stille. Kurz greift Beschämung nach den banausischen Arbeitsleuten, aber nur ganz, ganz kurz, dann säuft und grölt alles weiter. Hans-Joachim Hutschenreuther sitzt noch eine fassungslose Minute lang am Klavier und packt dann auch. Hinter der Bühne beschließen wir, dass wir unseren Kulturauftrag heute mal nicht bis zum Ende erfüllen, sondern uns geordnet zurückziehen. Wir raffen also – Maifeier hin, Maifeier her – unsere Schminkkästlein und Kostüme zusammen und bemerken zu unserem Unglück, dass wir nicht zum Hinterausgang hinauskönnen. Denn es gibt keinen Hinterausgang. Wir müssen uns also durch die trunkene Masse hindurch zum Parkplatz durchschlagen, wo Hutschenreuthers cooler Mazda steht. Irgendwie schaffen wir es, uns heil an Rock und Hose und ungeschändet durch die Belegschaft zu drängeln. Nur hinten am Ausgang ist einer, der mit seiner Bierflasche in der Hand uns schwankend einen kleinen Arschtritt hinterherlallt: »Habdor euer Geld rein, hä?«

Der Werktätige hat ja recht. Ich bekomme zwischen 50 und 100 Mark pro Auftritt. Für eine Studentin, die nur 200 Mark Stipendium bekommt, ist das ein Haufen Geld. Und auch für eine einfache Sängerin an einem DDR-Theater, die oft nur 700 Mark bekam.

Das Muggen bekommt mir und meiner Stimme trotz alledem. 1986 werde ich als Absolventin von der Direktion für Theater und Orchester, dem offiziellen Einstufungsgremium für Musiker in der DDR, mit 23 Punkten benotet. Das ist die Höchstzahl! Mehr geht nicht! Ich habe sie aber auch weggeflasht mit meiner vor der Arbeiterklasse gestählten Bühnenpräsenz. Lustig war ich und gleich danach tragisch mit dem Surabaya-Johnny. Die Damen und Herren Einstufer mussten sich mit den Kummertränen gleich die Lachtränen wegwischen. Zum Dank bekomme ich eine Aspirantur geschenkt, denn man hat gerade keine Stelle für solch eine Edelchansonnière, und ich soll doch noch ein Jahr ein bisschen herumstudieren, vielleicht findet sich dann was. Noch ein Jahr länger in Dresden rumlungern stimmt mich allerdings verdrießlich, denn meine Kommilitonen haben sich schließlich alle über die Spielstätten verteilt, und ich bin einsam. Eigentlich ist es ein bisschen wie Sitzenbleiben. Man sitzt als älteres Semester unter jungen Dachsen und langweilt sich. Deswegen bin ich auch glücklich, als ich nur drei Monate später, 1987, beim Nationalen Opernsängerwettbewerb in Gera im Fach Musical/Chanson einen Preis bekomme, wie nur ich ihn bekommen kann.

Den zweiten Preis des Nationalen Opernsängerwettbewerbs bei Nichtvergabe des ersten! Vielleicht war für den ersten Preis nicht genug Geld da.

Es ist mir auch völlig schnurz. Denn auf die diesjährige Trägerin des zweiten Preises bei Nichtvergabe des ersten wird sogar das Fernsehen aufmerksam! In der Sendung »Sprungbrett« darf ich 1988 ein paar Lieder von Georg Kreisler singen. Artig blase ich meine noch vorhandenen Pausbäckchen auf, hebe wichtig meine noch völlig ungezupften Augenbrauen und schmolle mit meinem Oberlippenflaum, als wäre ich ein Gesangstalent aus den bulgarischen Bergen. Ein Talent zu sein ist ja das Schönste überhaupt. Ich berechtige zu Hoffnungen. Von mir wird man noch hören.

»Wat ham'se dir eijentlich in der Schule beijebracht?«

Und so bekomme ich auch bald ein Angebot. Horst Ludwig, der das Musical »Sweet Charity« am Theater Gera zu inszenieren beabsichtigt, will mich für die Rolle der Charity haben! Oha! Gera ist zwar nur ein B-Haus, wie wir sagen, aber es ist ein opulentes Jugendstilgebäude und hat – einmalig weit und breit – neben dem Theatersaal auch einen eigenen Konzertsaal. Platz für insgesamt knapp 1400 Zuschauer. Ein Mehrspartentheater. Was soll ich lange warten auf das große Angebot aus Berlin? Eine Hauptrolle als erste Rolle überhaupt – das ist doch schon was! Ich sage zu.

Als die Proben beginnen, erfahre ich, dass Horst Ludwig die Rolle des Freudenmädchens Charity zweifach besetzt hat. Doppelt hält besser. Offenbar ist er sich nicht ganz sicher, dass ich diesen Musicalakt aus Gesang, Schauspiel und Tanz aus dem Stand stemme.

Und, um es gleich zu verraten, er tut gut daran. Denn seine Unsicherheit bezüglich meiner Person, seiner »Entdeckung« an der Hochschule für Musik, wird noch ungeahnte Ausmaße erreichen!

Einer der Gründe wird mein Partner in diesem Musical sein, Matthias Winter, der die Rolle des Oscar spielen soll. Soll. Matthias Winter ist während der ersten Probentage noch beim Wehrdienst und weiß darum noch nichts von seinem Glück. Das heißt, er weiß noch nichts von mir, aber ich schon von ihm. Als wir uns schließlich das erste Mal beim Pförtner begegnen, sage ich aber deswegen schon mal im Vorbeigehen »Hallo, Partner!«. Matthias Winter guckt mir verdutzt hinterher. Im Theater sammeln sich ja viele überspannte Fräuleins. Aber eine, die unbekannterweise »Hallo, Partner!« sagt?

Trotz dieses etwas verwirrenden Erstkontaktes kommen wir dann doch gut miteinander klar. Denn der Matthias macht schon ein bisschen was her und ist außerdem noch witzig. Und witzige, gutaussehende Männer sind bekanntlich selten. Wenn man aussieht wie ein Komiker, bleibt einem ja nicht viel anderes übrig, als komisch zu sein. Aber wenn man ein stattliches Mannsbild ist und dann noch witzig, das ist ja fast schon Verschwendung!

Und genau das wird mein Problem. In »Sweet Charity« gibt es eine Szene, in der ich erbost in ein Café kommen soll, wo Matthias alias »Oscar« ganz ungerührt in seinem Kaffee rührt. Wenn man aber jemanden witzig findet, ist es sehr schwer, ihm auch nur gekünstelt böse zu sein. Und der Winter weiß das! Laut Regisseur (der Regisseur, der Regisseur, das ist der Mann, auf den ich hör!) soll ich hereingestürzt kommen, ihn wütend anstarren, warten, bis »Oscar« seinen Kaffee zu Ende umgerührt hat, und mich dann an den kleinen Tisch genau hinter ihm setzen, um mit ihm Rücken an Rücken zornige Worte zu tauschen. Und was macht der Winter? Der sitzt nobel da und rührt und rührt und rührt mit dem Löffel in der Tasse, bis ich vor lauter Warten meine Spannung nicht mehr halten kann und grinsen muss.

»Noch mal!«, sagt Horst Ludwig, der Regisseur, auf den ich hör. »Du hast gegrinst.«

Ich gehe zur Tür und tue so, als ob ich hereinkomme. Matthias Winter alias »Oscar« rührt gaaanz langsam in seinem Kaffee, guckt hoch, sieht mich an und in seinem Gesicht steht: ‚Ich weiß und du weißt, dass du nicht ernst bleiben kannst, wenn ich dich ganz ernst angucke!« Ich beiße mir auf die Lippen und gucke weg.

»Noch mal!«, sagt Horst Ludwig. »Du hast weggeguckt!«

Ich gehe noch mal zur Tür, tue wieder so, als ob ich reinkomme, und was macht der Herr Winter, mein feiner Schauspielkollege? Rührt, hört auf, zu rühren, und gerade, als ich böse gucken will, rührt er noch mal so schnell, als wolle er den Kaffee schaumig schlagen. Das tückische Biest! Aber das sieht der Regisseur natürlich nicht. Der sieht nur, wie ich versuche, mir das Grinsen auf dem Gesicht einzufangen. Überall auf der Welt herrscht das Verursacherprinzip, nur auf der Bühne offenbar nicht!

»Noch mal! Das ist nicht komisch!«, sagt Horst Ludwig. »Reiß dich jetzt mal ein bisschen zusammen!«

Was ist der langen Rede kurzer Sinn? Es wird eine einzige Katastrophe. Ich habe einen Drang zur Albernheit, der wird vom Zusammenreißen nur noch schlimmer. Zu allem Überfluss lässt mich Horst Ludwig jetzt jedes Mal auch noch ganz nach draußen gehen, so dass ich tatsächlich erst die Tür zur Szene aufmachen muss, um die abgefeimte »unschuldige« Visage des Witzboldes Winter zu erblicken. So wird aus Grinsen Kichern und aus Kichern Lachen, und bald krümmt es mich in einem unerhörten Lachanfall, sobald ich auch nur das Wort »Bitte!« des Regisseurs höre. Ich versuche wirklich alles. Durchatmen, an supertraurige Beerdigungen denken, die Bedienungsanleitung des Haustelefons in der Nebenbühne Wort für Wort durchlesen, als wären es die Zehn Gebote, alle Gluckser ganz bewusst wieder runterschlucken – es nützt nichts. Wenn Horst Ludwig »Und bitte!« ruft und ich die Tür aufmache zu der für mich mittlerweile unspielbar gewordenen Szene, haut es mich einfach nur weg. Es ist völlig egal, ob ich Matthias Winter ansehe oder unten im Saal den tischlampenbeleuchteten Horst Ludwig, der, zunehmend finster und mit hochrotem Kopf, meinen Lachschwips ertragen muss! Ich muss losgackern, dass ich bald umfalle.

Horst Ludwig schickt mich mindestens zwanzigmal durch die Bühnentür. Zwanzigmal! Ich meine, es wäre für alle besser gewesen, hätte ich es nur andeuten dürfen. Herricht und Preil sind schließlich ein ganzes Bühnenleben lang nur durch angedeutete Türen gekommen. Die sind durch so viele angedeutete Türen gegangen, dass sie sich eigentlich mit einem angedeuteten Honorar hätten zufriedengeben müssen.

Aber nein, der Herr Regisseur will es ganz genau so sehen, wie er es im Kopf hat. Wiederholung ist Erziehung! Bei mir erst recht. Ich bin ja noch ein ganz junges Küken, und der Herr Regisseur hat mich quasi auf der Straße aufgelesen. Ich muss noch »geformt« werden. Ältere Regisseure und junge Aktricen – das läuft ja immer auf Professor Higgins und die arme Eliza Doolittle hinaus. Nach dem Motto: »Es gibt nicht einen Gedanken in deinem Schädel oder ein Wort in deinem Munde, das ich dir nicht eingetrichtert habe«

Vielleicht ist es ja auch die unbewusste Rache für früher. Ich kenne das nämlich schon, denn im dritten Studienjahr durfte ich schon einmal als Kleindarstellerin bei einer Horst-Ludwig-Inzenierung, es war »Charlies Tante«, richtig »gehen« lernen. Er hat mich so kirre gemacht, dass ich nach gefühlt hundert Ermahnungen gar nicht mehr wusste, wie »gehen« geht. Zum Schluss bin ich sogar im Passgang gegangen wie eine Giraffe. Und geheult habe ich sowieso.

Aber diesmal hat mich das Gelächter in seinen Klauen. Horst Ludwig kann noch so viel herumschnarren, ich sei »alles andere als professionell« oder »Das ist nicht das Weber-Niveau, das ich hier erwarte«: Ich muss so ablachen, dass mich mein »Hallo, Partner!« Matthias Winter am Ende festhalten muss, damit ich vor lauter Gegacker nicht zu Boden gehe. Er macht das mit dem Halten übrigens so gut, dass ich ihn mir schon mal für später vormerke, falls ich mal irgendwie Halt brauche.

Dann endlich zückt Horst Ludwig die Rote Karte. »Katrin, du kannst nach Hause gehen! Das hat hier heute keinen Zweck mehr! Betty (die Zweitbesetzung!), übernimm du das bitte!«

Ich lache noch auf dem Nachhauseweg. Einwohner von Gera sehen mir stirnrunzelnd nach. Ich bin ja grundsätzlich schwer zu erheitern, aber wenn – dann habe ich lange was davon! Ein bisschen Angst habe ich schon, dass der Lachflash gar nicht mehr weggeht. Was, wenn in meinem Hirnareal, wo das Kichern und Gackern entsteht, irgendetwas kurzgeschlossen wurde? Werde ich überhaupt noch essen und trinken können, ohne alles sofort wieder auszuprusten? Werde ich mir vor lauter Lachen beim Lidstrichziehen das Gesicht vollkrakeln? Was, wenn auf der Straße leicht reizbare und im Kern ihrer Persönlichkeit unsichere Gewohnheitsschläger mein Lachen auf sich beziehen und sich provoziert fühlen? Wird überhaupt je wieder ein Mann vor mir die Hosen fallen lassen, wenn ich mich daraufhin laut lachend aufs Bett werfe?

Außerdem muss ich in der Rolle der Charity tanzen, und wer dieses Buch auch nur oberflächlich angelesen hat, weiß, dass ich mit meinen eigenen Beinen auf Kriegsfuß stehe. Wahrscheinlich wurden meine Beine mal bei einer Seelenbeschwörung vertauscht, und ich renne jetzt mit den wackligen Stängeln irgendeiner Oma herum, die hingegen mit meinen tollen Beinen wie Marika Rökk durch ein Seniorencafé steppt. Fiete Krüger, mein Choreograph – ein Mann, der immerhin schon im Berliner Friedrichstadtpalast die Puppen hat tanzen lassen –, ist etwas ratlos. Schon nach der ersten Tanzprobe meint er in seiner umwerfenden urberlinischen Art: »Mädel, wat ham' se dir eijentlich inner Schule beijebracht? Wat hast'n du eijentlich an deiner Hochschule jelernt?«

Er sitzt in der Ecke, die Beine übereinandergeschlagen und irgendwie doppelt verknotet, wie es nur Tänzer können, raucht mit femininer Lässigkeit seine Zigarette und ruft: »Und Sprung! Chassé!«, aber das ist lebensgefährlich, denn wenn ich darüber nachdenken muss, was »Chassé!«

bedeutet, hat mein Gehirn keine Kapazität mehr, darauf zu achten, wohin das doofe »Chassé!« eigentlich gehen soll, und Fiete muss zur Seite springen, damit ich ihn nicht umchassiere. Fiete Krüger ruft auch gerne: »Nach links, mehr nach links!«, aber wo bitte schön ist bei einer Drehung links? Irgendwann versteht er, dass ich zur Orientierung im Raum schlichtere Begriffe brauche, etwas, das zur Not auch ein Hund kapieren würde. Also ruft er nur noch: »Von der Wand weg!«, oder: »Mehr zur Wand hin!« So geht's.

Aber Fietes Unzufriedenheit mit mir beschränkt sich nicht auf meine tänzerische Zurückgebliebenheit. Er findet auch meine Körperpflege provinziell. Als ich bei einer meiner Pirouetten apart meine Arme in die Höhe hebe, fasst sich Fiete Krüger spontan an den Kopf. »Mädel, wat hasten du für Vogelnester unter den Achseln? Du musst dich mal rasieren!« Ich bleibe stehen und glotze ihn verwundert an. Seit wann rasiert man sich denn die wichtige Körperbehaarung weg! Da friert man doch im Winter!

Erschwerend für mein Tanzen ist laut Fiete Krüger auch, dass ich »fett« bin. Gut, ich habe noch zarte Reste von Babyspeck, die ich mit mir herumtrage. Und klar, für jemanden, der das halbe Leben mit vierdimensional verbiegbaren Damen zu tun hatte, Damen, die nur aus Sehnen und Knorpeln bestehen und sich zum Schlafen die Beine hinter die Ohren legen können, falls mal im Abteil kein Platz ist, für den bin ich wahrscheinlich ein Moppel. Fiete Krüger setzt mich auf Diät. Ich soll vor und nach siebzehn Uhr nichts mehr essen oder so. Abends sitze ich in der Theaterkantine und nippe an meiner kalorienarmen Weißweinschorle, um meinen hungrigen Magen zu beruhigen. Ein Bild des Jammers. Matthias Winter, der mich überhaupt nicht moppelig findet und mich außerdem offenbar auch schon mal für später vorgemerkt hat, brachte mir vom besten Bäcker aus Zwickau, wo er gerade herkam, ein paar Florentiner Schnitten mit, die vor Nüssen und Honig nur so trieften. Aber ich habe die Leckerlis noch nicht einmal richtig angeguckt, als Fiete Krüger schon ein »Kann ja wohl nicht wahr sein!« rüberpfeift. Beleidigt packe ich die leckeren Florentiner Schnitten wieder zurück in eine Papiertüte und erhebe mich zum Gehen. Ich bin noch nicht ganz draußen, als Fiete seiner Umgebung erklärt: »Die frisst die doch jetzt im Hotelzimmer!«

Zwischen solch kantigen Künstlerseelen werde ich geschliffen, ein zartes Mädchen von Mitte zwanzig. Aber ich lebe für den Gesang, und ich bin noch zu jung und zu entschlossen, um beleidigt zu sein. Ich werde in dieser Inszenierung eine Charity hinlegen, wie sie die Welt oder wenigstens der Teil der Welt, der Gera heißt, noch nicht gesehen hat! Sie werden den Mund vor Staunen nicht mehr zukriegen, wenn ich erscheine!

Und es kommt auch so, allerdings etwas anders,

als ich geplant habe. Doch zumindest der Junge in der Notaufnahme kriegt den Mund nicht mehr zu. Mehr noch, er hat eine Epiphanie, eine Erscheinung, und wenn seine Mutter nur ein bisschen Feingefühl hat, wird sie ihm später hoffentlich einreden, dass er das alles im Fieber geträumt hat. Denn im Jahre 1987 ist es noch jenseits alles Denkbaren, dass sich die Milchglastüren einer städtischen Notaufnahme aufschieben und eine blutende Nutte, geschminkt wie die Sünde selbst, mit einem hier noch völlig unbekannten Ding namens Tattoo auf dem Oberarm, in einem ramponierten Ornat aus abgeknickten Highheels, zerrissener Netzstrumpfhose und zerkratzter Korsage, hereinkommt. Dazu noch gestützt von einem Eismann in weißer Schürze und Bäckermütze, als wäre ich ein Schwarzwälder-Kirsch-Eisbecher. Der Junge bekommt Augen wie ein Koboldmaki, und seine sieben friedliche Jahre währende Kindheit ist quasi in diesem Moment vorbei. Und ich bin schuld. Die süße, unglückliche Charity.

Denn alles Training bei Fiete Krüger hatte nichts genützt. Das ganze Dutzende-Male-durch-die-Tür-Gehen bei Horst Ludwig war umsonst. Als ich nämlich bei der Hauptprobe, das erste Mal mit großem Orchester und vollem Ensemble, für mein Intro auf die Bühne gehe, fängt mich der große Spotscheinwerfer ein wie ein Hütchenspieler die Kugel mit seinem Becher. Mit einem Mal sehe ich nur noch Licht um mich herum, und die weite Bühne, die ich mit all meinen Pirouetten und Chassés zu durchtanzen gedachte, ist auf die Größe eines weißen Tellers geschrumpft. Aber es ist Hauptprobe. Da kann ich mir nicht einfach die Hand vor die geblendeten Augen halten und »Öh! Das ist aber ein bisschen hell!« sagen. Die Musik spielt. Der Dirigent fuchtelt schon bedeutend mit seinem Taktstock von den Streichern hinüber zu den Bläsern. Ich muss tanzen.

Es soll ja Menschen geben, die sich in einer solchen Situation auf ihr Körpergefühl verlassen können. Auf hundertmal geprobte Abläufe. Kleine Könige der Intuition, die nachts im Dunkeln aus dem Bett aufstehen und, ohne sich die Zehen am Bettpfosten blau zu hauen, eine sichere Armlänge an der Kommode vorbeigleiten und nicht ein einziges Mal tasten müssen, um die Klinke an der Tür zu finden. Herzlichen Glückwunsch! Bei mir würde das Schlafzimmer danach aussehen, als hätte Loriot versucht, ein Bild geradezurücken! Mir widerstrebt es insgesamt, dieser meiner Ansammlung nicht zusammenarbeitender Arme und Beine, Schultern und Brust- wie Bauchpartien auch nur den Sammelnamen Körper zu verleihen. Ich würde lieber eine sechsspännige Kutsche durch einen reißenden Bergbach führen, als mit diesen Paaren von unzuverlässigen Extremitäten einen »jugendlich-unbeschwerten« Tanz über die Bühne hinzulegen.

Und meine Kollegen scheinen das zu wissen,

denn wie ich so die ersten Schritte mache und meine Augen sich an das gleißende Licht gewöhnen, sehe ich sie im Gang an den Seiten der Bühne die Hände ringen und die Augen aufreißen, manche gar können gar nicht mehr hingucken und vergraben ihr Gesicht an fremden Schultern. Egal, ich tanze jetzt. Und eins und zwei ... bis mir der Boden unter den Füßen fehlt.

Es ist merkwürdig. Kaum, dass mein Karriere richtig begonnen hat, verschwinde ich schon wieder in der Versenkung. Während ich falle, zieht ein Teil meines Lebens an mir vorbei. Allerdings nur ein ganz kleiner. Es ist der Teil, in der der Arbeitsschutzbeauftragte seine Belehrung machte. Ich sehe ihn, wie er mit deutlichen und wiederholten Worten darauf hinweist, dass in der ersten Szene dieser Inszenierung von »Sweet Charity« die Versenkung mitten auf der Bühne geöffnet ist, weil sie einen Teich darstellen soll, und dass bitte darum alle Akteure ihr strengstes Augenmerk auf diese Öffnung richten mögen und bei allen Gängen und Kabbeleien auf der Szene einen schützenden Abstand einzuhalten haben. Jetzt, wie ich so dahinfalle wie Alice ins Kaninchenloch, verstehe ich auch, warum die Kollegen an den Seiten der Bühne so entsetzt geguckt haben und einer noch »Vorsicht« rief.

Dann schlage ich auf. Es ist ein bedeutender und akustisch eindrucksvoller Aufschlag, denn ich trage ja noch mein Mikroport am Kleid, und dann hört das ganze Theater ein ebenso schmerzhaftes wie verzweifeltes »Scheiße!«.

Der arbeitslos gewordene Spotscheinwerfer geht aus, und das normale Bühnenlicht geht an. Der Dirigent lässt den Taktstock sinken, und das Orchester trudelt aus. Nur ein verschlafenes Waldhorn hupt noch ein bisschen vor sich hin.

Von höchstem Lampenfieber in die tiefste Versenkung in nur zehn Sekunden, das soll mir mal ein Meditationsguru nachmachen! Ich liege im schwarzen Loch, und von oben gucken nach und nach die Kollegen rein. Sie machen sich Sorgen. Aber ich winke matt mit den Händen und stöhne: »Alles in Ordnung. Mir ist nix passiert! Ihr könnt weitermachen!« Als ich jedoch aus der Versenkung gehoben bin, werden daran Zweifel laut. Ich blute obenrum aus etlichen Schürfwunden, und am Bein klafft eine tiefe, weiße Wunde. Kein gutes Zeichen. Solche Klafter sollten besser bluten, es sei denn, der Verletzte steht unter Schock. Hugo Wieck, der nicht nur den Eisverkäufer spielt, sondern praktischerweise auch noch der Erste-Hilfe-Verantwortliche ist, entscheidet, dass das umgehend wieder zusammengenäht oder wenigstens geklammert werden muss und er jetzt den Notdienst ruft.

Und so kommt es, dass ein verzweifeltes und geschundenes New Yorker Freudenmädchen zusammen mit einem Eisverkäufer in der Notaufnahme des Geraer Krankenhauses erscheint und ihren

Schock an ein paar Kinder und gestürzte Omis weiterreicht.

Und dann geschieht etwas sehr Schönes, ja etwas geradezu Heilendes. Das ganze Theater wartet! Nix Zweitbesetzung! Während man mich im Krankenhaus professionell näht und verbindet, warten die Sänger, die Tänzer, die Musiker, die Techniker ... der ganze Stab. Geschlagene anderthalb Stunden. Dann komme ich wieder angehumpelt und bin ganz Profi, der nicht gleich in den Sack haut, bloß, weil er mal zwei Meter in die Bühnenversenkung gestürzt ist. Horst Ludwig sitzt im Parkett an der Lampe und meint: »Also, alles noch mal von vorn! Aber jetzt ohne diesen Gag! Wir haben alle gesehen, dass du's kannst, Katrin, aber jetzt lass ihn bitte weg!«

Klar. Ich kann das. Ich kann, vom Scheinwerferlicht geblendet, um eine offene Versenkung herumtanzen. Zumindest – beim zweiten Mal!

Der erste Bus fährt ohne mich – und der zweite auch

Glauben Sie jetzt ja nicht, dies sei ja eine putzige Episode aus den frühen Jahren. Anfängerpech. Noch unsichere Motorik einer allzu aufgeregten Bühnenelevin. Da muss ich Sie enttäuschen. Ich werde der Alptraum aller Arbeitsschutzbeauftragten bleiben, und es wird kaum eine Inszenierung geben, die sich nicht mit Narben und Blessuren auf meinem Körper verewigt. Wenn also überhaupt jemand seine Rollen »verkörpert« hat, dann ich! Bei mir kann man noch erkennen, warum das überhaupt »Rolle« heißt – und zwar genau dann, wenn ich mal wieder irgendwo von der Bühne rolle! Es werden Stürze dabei sein, gegen die das Verschwinden in der Versenkung bei »Sweet Charity« wie ein Stolperer daherkommt. Ich bin aber nicht immer allein schuld. Ich bin einfach nicht gemacht für besonders fortschrittliche Bühnenbilder! In der Inszenierung von »Jesus Christ Superstar« im selben Haus im Jahr 1992, in der ich die Maria Magdalena spiele, hat der Regisseur Dietmar Seyffert zum Beispiel die geniale Idee, die Bühne sich nach hinten wie eine amerikanische Landstraße oder die Route 66 verjüngen und gleichzeitig zwei, drei Meter in die Höhe erheben zu lassen. Das sieht auch erhebend und überhaupt toll aus – vom Zuschauerraum! Aber rein physikalisch ist es nichts weiter als eine Rampe ins Nichts. Was passiert, wenn eine Rampensau auf eine Rampe trifft? Sie hält sich an die Anweisung des Regisseurs! Und der hat gesagt: »Katrin! In der Szene, wo Jesus vom begeisterten Volk umringt wird, gehst du langsam rückwärts – entgeistert auf die Masse starrend – nach hinten ab.« Und obwohl er das allgemeine Hinten meinte, also das variantenreiche, ungefährliche, lebensbejahende 180-Grad-Hinten, das Hinten, in dem man sicher nach links hinten oder rechts hinten abgehen kann, gehe ich – hochdramatisch entsetzt auf die tumbe Masse starrend – schnurgerade rückwärts die supermoderne Bühne hinauf und mache auch nicht halt, als sie zu Ende ist.

Diesmal pralle ich so hart mit dem ganzen Körper auf, dass ich glaube, das war's jetzt. Ich kann kaum atmen, probiere aber erst mal meine Finger und Zehen aus. Zum Glück: Sie wackeln. Ich bin nicht querschnittsgelähmt. Dafür ist der Regisseur beinahe tot umgefallen, als er meinen Abgang sah. »Das kannst du mit mir nicht machen!«, keucht er am Rande des Herzkollers, während die Tänzer mich hochheben und vorsichtig auf die Beine stellen, um zu gucken, ob ich schon freihändig stehen kann – so wie es die Mutti tat, als ich noch ein Baby war.

Da ist es schon besser, so zu fallen, dass andere ihre helle Freude dran haben.

Wie zum Beispiel in »My Fair Lady«. Konservatives Bühnenbild. Keine Löcher, keine Kanten. Keine Stufen, keine Rampen. Die einzige Herausforderung ist die Drehbühne, mit der praktischerweise der Szenenwechsel absolviert wird. Ja, auch im Theater gibt es Dreharbeiten. Eben noch hat sich Professor Higgins bei Oberst Pickering gereizt erkundigt: »Warum kann eine Frau nicht sein wie ein Mann?«, da geht das Licht aus, dreht sich die Szene, und schon empfängt seine Mutter, Lady Higgins, die gekränkte und erboste Eliza Doolittle zum Tee.

Da stehen wir also, die herrliche Lore U. als Lady Higgins und ich als Eliza Doolittle, im Dunkel unserer Hälfte der Drehbühne und lauschen dem galoppierenden Gezeter des frauenfeindlichen Professors. Ich habe mein Hinterteil schon mal vor den Korbstuhl justiert, in den ich mich gleich entrüstet plumpsen lassen will. Was mein Hintern jedoch nicht sieht, ist, dass der Bühnentechniker, eine Sekunde bevor das Licht angeht, entdeckt, dass der Korbstuhl nicht auf seiner Markierung steht. Und hin und her gerissen zwischen meinem Hintern und der Markierung entscheidet er sich in pflichtbewusst-deutscher Manier für die Markierung und stellt ihn schnell und still einen halben Meter nach hinten. Als wir nun zum Saal und damit ins Scheinwerferlicht gedreht werden, lasse ich mich stark entrüstet und außerordentlich effektvoll niederplumpsen und lande äußerst unsanft auf dem Boden. Mein berüschter Rücken schrammt sich am Korbstuhl wund. Gut, ich bin jung, pannengeprüft und springe gleich wieder auf. Setze mich auf den hinterhältig verschobenen Korbstuhl und schnaufe jetzt wirklich mal vor Wut. In meinem Kopf wilde Rachephantasien, wie ich beim Bühnentechniker heimlich einbreche und fünf ranzige Kater mal ausgiebig in seinem Bett und in seinem Kleiderschrank total wichtige »Markierungen« anbringen lasse. Doch als ich mein Augenmerk wieder auf Lady Higgins lenke, sehe ich, dass sie den Tee nicht gerade ladylike in die Tasse, sondern in großen Zickzackbewegungen über den Tisch verschüttet. Was nichts anderes heißt, als dass sie gleichermaßen sich und den Tee ausschütten muss angesichts meiner Bodenlandung. Das ist fatal, denn Heiterkeit hat in dieser Szene voller Entrüstung leider überhaupt nichts zu suchen. Mitfühlend, wie ich bin, muss ich nun aber mitlachen, und so wird das Geraer Musical-Publikum Zeuge einer Szene, in der die Protagonisten, immer wieder prustend und auflachend, vorgeben, besorgt, gekränkt und wütend zu sein.

Pannen haben aber auch ihr Gutes. Eines Abends nach einer solchen sitze ich in der Kantine und betrinke mich. Das ist schnell getan und kostet fast nix, denn Alkohol – Sie erinnern sich an dieser Stelle gütigerweise an meinen Polterabendauftritt – wirkt bei mir schon in Dosen wie bei anderen Schlangengift. Bevor mein Kopf auf den Tisch fällt, fällt mein Blick jedoch auf meine Uhr, und mit Entsetzen registriere ich, dass es längst Zeit gewesen wäre, zum Bus zu wanken. Nun werde ich wohl oder übel in der Garderobe des Geraer Theaters übernachten müssen. Zugedeckt mit einem alten Soldatenmantel und einer Gräfinnen-Perücke als Kopfkissen. Mein »Hallo, Partner« Matthias Winter hört meine Klage und bietet – ganz Gentleman – an, mich zu einer Bushaltestelle zu begleiten, wo um diese Zeit noch ein Bus führe. Ich erinnere mich schwach, dass der Herr ja schon bewiesen hat, dass er in der Lage ist, mich vor Stürzen zu bewahren, hänge mich also nur sehr wenig dezent in seinen Arm und stolpere über meine begriffsstutzigen Beine hinweg mit ihm los. Gefühlt gehen wir die halbe Nacht, und als wir an der – mir im Übrigen völlig unbekannten – Bushaltestelle ankommen, stellt sich leider heraus, dass der letzte Bus schon gefahren ist. Doch wie es der Zufall will, liegt die Bushaltestelle ganz in der Nähe von Matthias' Wohnung. In nur fünf Stunden führe der erste Bus wieder, und bis dahin könnte ich mich bei ihm etwas aufwärmen. Das wäre alles wunderbar gewesen, wenn ich nicht gerade bei seinen letzten Worten gehört hätte, wie eine Hundertschaft Nachtigallen vorbeitrapst.

Fräulein Weber, jetzt heißt es, ganz vorsichtig sein und die frauliche Ehre bewahren, bis der Morgen graut. Als wir oben bei ihm »auf Bude« sind, lehne ich denn auch sehr entschlossen den angebotenen Whiskey ab, obwohl der im vorletzten Jahr der DDR eine noch unbedingt zu kostende exotische Spirituose ist. Stattdessen bitte ich um ein Glas Milch, das mich wieder wach und wachsam machen soll. Die Beine fein übereinandergeschlagen, sitze ich also da und halte mein Milchglas fest mit beiden Händen wie jemand, der Vampire fürchtet, sein Kruzifix. Wir reden über dies und das, und der Herr Winter macht wieder einen seiner Scherze, die direkt mein Heiterkeitszentrum treffen. Ich lache, ich wackle, und schwupps schwappt die Milch aus dem Glas. Na toll! Das darf nicht eintrocknen, das gibt doch einen Fleck! Ich muss das jetzt ausziehen. Oh! Na ja! Was soll ich sagen? Den Frühbus nahm ich jedenfalls nicht. Merken Sie sich also an dieser Stelle, dass man zu seinem Glück manchmal nur ausreichend Pech haben muss.

Hin und wieder aber braucht man auch nur einfach großes Glück. Historisches Glück. Mein Zweitpreisgewinn bei Nichtvergabe des ersten im Nationalen Wettbewerb der jungen Opernsänger und meine kleinen Auftritte in der Sendung »Sprungbrett« hatten mir eine gewisse Bekanntheit im Kreis der Professionellen beschert. Und es kam der Tag, da man sich meiner erinnerte. Günther Fischer, einer der produktivsten und besten Musiker, Komponisten und Arrangeure, die das kleine Land am Rand des großen Ostblocks jemals hervorgebracht hat, hatte ein Musical namens »Jack the Ripper« geschrieben, für das eine weibliche Hauptrolle voller Naivität und dennoch mit dramatischem Auftreten gesucht wurde. Kommt Ihnen diese Kombination irgendwie bekannt vor? Liegt Ihnen da ein Name auf der Zunge? Dann geht es Ihnen wie Gunther Emmerlich, der seinerzeit von Günther Fischer gefragt wurde, ob er jemanden wüsste, der diese beiden kostbaren Eigenschaften in sich vereinige. Gunther Emmerlich, der sich unlängst bei Elisabeth Wilke, meiner Gesangslehrerin an der Hochschule nach mir erkundigt hatte, sagt denn auch ja, er wüsste eine, die genau passen täte, ihr Name wäre Kerstin, mmh, falsch, Karin, ach was, Katrin, ja genau, Katrin ... Schulze oder eher Schmidt? ... Ja, Katrin Schmidt, nein, Entschuldigung, Katrin Müller, oder hieß sie nicht doch ...? Ein grüne Matrix aus Allerweltsnamen läuft vor seinem geistigen Auge herunter, während die Schicksalsgöttin mir die Daumen drückt, dass der Gunther aus der Unzahl beliebiger Kombinationen meinen allzu gewöhnlichen Vor- und Zunamen herauspickt, bevor Günther Fischer wieder auflegt. Er schafft es. Na hier, Dingsbums! Katrin Weber!

Als ich erfahre, dass ich die Rolle der Sally spielen soll, sagt man mir außerdem, dass das Stück im Schlosstheater in einer Zelle aufgeführt werden soll. »Macht ja Sinn«, sage ich, »da es sich bei Jack, dem Schlitzer, um einen Verbrecher handelt!« Nein, nein, das haben Sie falsch verstanden, werde ich korrigiert, das Musical wird im Schlosstheater Celle laufen. Celle? Das ist doch im Westen? Wir schreiben Frühjahr 1989. Das wäre ja ein Gastpiel im NSW, Nichtsozialistischen Wirtschaftsgebiet! Reisekader! Ich bin doch erst Mitte zwanzig! Was kommt als Nächstes? Mailand, New York?

Mit vor Ehrfurcht zitternden Händen nehme ich denn auch die Tonbänder mit den Probeaufnahmen entgegen. Und wer singt da mit seinem unverwechselbaren Timbre, seiner ganzen erfrischenden Unverstelltheit und herb-männlichen Intelligenz? Manfred Krug! O wunderbare Welt der Kunst, wo Grenzer schnittig salutieren, wenn Günther Fischer mit seinem Nobelwagen mal eben schnell nach drüben rollt, um von Manne, als wäre der nie ausgereist, in irgendeiner Westberliner Stampe seine Demobänder einsingen zu lassen! Den Damenpart singt übrigens Angelika Weiz, und ich komme mir dagegen plötzlich ganz piepsig vor.

Also studiere ich mich in die Rolle und vergesse ganz, dass eine kleine Sängerin aus der Provinz hierzulande ja immer noch mehr braucht, um im westlichen Ausland zu singen, als nur eine Empfehlung. Nämlich unverbrüchliche Treue zur »Sache« (was immer gerade die Sache da oben ist) und ein richtiges Parteibuch. Ich habe mich noch nicht richtig eingesungen, da kriege ich auch schon von der Künstleragentur aus Berlin die Nachricht: »Tut uns leid, Fräulein Weber. Sie werden nicht nach Celle reisen können. Das Ministerium für Staatssicherheit hat kein grünes Licht gegeben.« Ich weiß gar nicht, was ich denken soll. Bin ich eine Oppositionelle, ohne es zu wissen? Gut, ich habe im Bus schon einmal meine Monatskarte nicht hochgehalten, aber gilt das schon als Widerstand gegen die Staatsgewalt? Unsicher fahre ich nach Berlin. Die Dame von der Künstleragentur kann es sich auch nicht erklären. »Haben Sie sich denn an irgendwelchen konspirativen Treffen beteiligt?« Künstler machen Partys wie andere Leute auch. So schnell kann man sich da ja gar nicht die Ohren zuhalten, wie da einer nach zwölf einen Honecker-Witz erzählt. Aber ich persönlich? Niemals. Ich kann mir nämlich keine Witze merken. Ich muss mir die aufschreiben. Wir sitzen da und rätseln in aller Ohnmacht herum. Draußen ist es aber mittlerweile September 1989, und die gute Botschaft lautet: Die Botschaften füllen sich langsam! Und zwar mit Menschen, die es genauso wenig wie ich mögen, dass aus den undurchdringlichen Wolken eines abgehobenen Apparats sich irgendwelche Daumen über sie senken. Im November fällt die Mauer um, und weder ich noch die Künstleragentur müssen jemanden fragen, wenn ich in Celle auftreten will. Ich muss nur noch in Berlin in den Zug steigen, bis zur Zonengrenze fahren, dort noch mangels durchgehender Verbindungen meinen Koffer nehmen und mich bei Helmstedt zehn Minuten durch die Pampa schleppen, und schon sitze ich in einem Waggon, der erst wieder in Celle hält.

Jahre später werde ich in meiner Akte lesen, dass irgendein unberufener Geist der Stasi gemeldet hat, ich würde einen »oberflächlichen Lebenswandel« führen. Eine unglaubliche Frechheit! Ich – die ich von jeder Party nur die Hälfte mitkriege, weil ich dann brav nach Hause gehe. Ich kann nur hoffen, sein eigener Lebenswandel steht dem missgünstigen Kleinbürger mittlerweile für eine weniger oberflächliche Befragung offen.

Doch zurück zu »Jack the Ripper« in Celle/ Bundesrepublik Deutschland! Kaum bin ich da, mache ich das, was man später nur noch als Klischee abtun wird. Ich kaufe ein Bündel gelbe Bananen! Ich bekenne hiermit: Ich habe wirklich als Erstes Bananen gekauft! Wie sie leuchten! Wie hier überhaupt alles leuchtet im vorweihnachtlichen Celle! Es leuchtet und duftet, dass ich vor lauter Wahrnehmung »Kreislauf« kriege. Und die Reizüberflutung wird noch ein paarmal dafür sorgen, dass ich mich im kleinen Celle verlaufe.

Das letzte Mal, dass sich hier jemand verlaufen hat, war wahrscheinlich, als hier noch germanischer Urwald war. Aber nicht nur Celle ist klein, auch das Theater. Das Schlosstheater ist sogar so klein, dass man beim Singen der ersten Reihe im Parkett die Hand reichen kann. Und falls ich je im Stillen gehofft hatte, mit der Wende würde sich auch mein Pannenschicksal wenden, so weiß ich spätestens auch hier ab der offiziellen Hauptprobe, dass ich wohl für die Dauer meines Lebens verflucht bin.

Denn in der Szene, wo ich vor dem Hauptheldden mein Kleid fallen lasse, um nur in Seidenunterwäsche vor ihm zu stehen, reißen alle verdutzt die Augen auf, bevor sie sich dieselben zuhalten. Ich habe vor lauter Aufregung vergessen, die Seidenunterwäsche anzutun, bevor ich ins Kleid stieg. Blank, wie ich von der Mutter kam, stehe ich auf der Bühne herum. Das erste Mal im Westen und dann gleich nackig machen. Nur mein Hauptheld reagiert ungerührt. Er steht nicht auf Frauen.

Na, dann! Herzlichen Glückwunsch!

Männer, die nicht auf Frauen stehen, begleiten mich. Das darf ich wohl sagen, denn einer meiner besten Männer am Klavier, Heiko Lippmann, begleitet und leitet mich in den ersten Jahren in Gera, und das schließlich sogar zu großem Ruhm. Irgendwas muss an meinem burschikosen Charme sein, etwas vom unglückseligen Spermium Frank, dass Männer, die nicht auf Frauen stehen, mit mir prächtig auskommen.

Heiko ist zu der Zeit Korrepetitor mit Dirigierverpflichtung. (Auch so eine Sparerfindung an Theatern, damit man keinen ganzen Dirigenten bezahlen muss. Heute gibt es wahrscheinlich schon Hausmeister im Theater, die laut Arbeitsvertrag bei Bedarf in der großen Girl-Reihe mittanzen müssen.) Obwohl Heiko in Gera also ausgelastet ist, liest er in seiner wenigen Freizeit mit großem Interesse die Ausschreibungen für Gesangswettbewerbe. Als er vom Bundesgesangswettbewerb 1991 liest, beschließt mein Begleiter und Taktgeber, mich dort für die Gattung Musical anzumelden. Freilich ohne mir etwas davon zu sagen. Zu Recht. Wahrscheinlich würde ich mich unter einem Haufen Bedenken verstecken. Ich bin ja – Preise hin, Preise her – immer noch eine ziemliche Provinzmaus. Das alles weiß Heiko Lippmann, aber er weiß auch, dass ich nicht die Traute habe, zu kneifen, als er sagt: »Überraschung! Nächste Woche, Schätzchen, fahren wir nach Berlin ins Theater des Westens, und dort singste vor einer prominenten Jury. Dein Programm hab ich schon fertig. Und als Tanznummer im Bundesgesangswettbewerb machste einfach ›Könnt mich jetzt eine sehen!‹ aus deiner ›Sweet Charity‹. Ich habe dich schon angemeldet.«

»O Gott!«, sage ich denn auch. Und: »Na ja, gut. Meinste denn?«

Groß üben müssen wir das ja nicht. Hab ich hundertmal gesungen – und getanzt. Nach der persönlichen Choreographie von Fiete Krüger! In einem quälenden Prozess der Desillusionierung angepasst an meine grobmotorischen Extremitäten. Quasi Förderschule. Mit einem Zylinder und einem Spazierstock schreite ich singend halbwegs rhythmisch seitwärts und bewege mit beiden Händen das Stöckchen vor mir hin und her. Das sind immerhin zwei Bewegungen auf einmal! Mehr »Artistik« konnte auch Fiete nicht aus mir raus holen.

Doch wir sind gerade mitten in den Proben zum »Kleinen Horrorladen«, in dem ich die Audrey spiele, und wir haben für unseren Auftritt vor der Jury des Bundesgesangswettbewerbes nur gerade so viel Zeit eingeplant, wie es braucht, mit dem Zug nach Berlin zu fahren, ins Theater des Westens zu gelangen, sich umzuziehen, warmzusingen und dann auf die Bühne zu stolpern. Und das wird meine Rettung sein!

Wegen des Zeitmangels bleibt mir nämlich erspart, zu sehen, wer sonst noch mit mir in diesem Contest antritt.

Zwar sehe ich auf dem Theaterflur mit großen Augen, wie sich langbeinige Wunderwesen aus dem blonden Norden wie aus dem dunkelhaarigen Süden, also quasi aus der ganzen Welt, mit Spagat hochkant im Türrahmen geschmeidig machen. Aber wenn ich auch noch vorher hätte mitansehen müssen, was diese Gazellen mit ihren Barstühlen auf der Bühne anstellen (Auf-einem-Bein-Herumwirbeln, Hochwerfen, Flickflack drunter machen, Auffangen und Hinsetzen, wobei sie die Beine über die Lehne schwingen, als wären es Arme) und dazu noch singen – ich wäre nicht aufgetreten! Ich – mit dem ollen Zylinder und meinem Spazierstock, den ich vor mir halte wie eine Oma mit Schulterarthrose beim Rehasport! Ich wäre davongelaufen! Selbst mit dem flehenden Heiko Lippmann am Bein wäre ich weggelaufen! Obwohl, realistisch betrachtet, hätte sich Heiko nie an mein Bein geklammert, auch wenn er sehr anhänglich ist und so allerliebst, dass manchmal nicht ganz klar ist, wer von uns beiden hier eigentlich die Diva ist. Wenn wir irgendwohin zusammen zum Auftritt fahren, fragt er vorher akkurat: »Was ziehen wir morgen an? Nur, damit wir uns mit der Garderobe ein bisschen abstimmen können!« Ist das nicht wunderbar? Kein heterosexueller Mann würde sich oder gar mich jemals fragen, was morgen auf der Kleiderordnung steht. Er würde einfach an seinen Schrank gehen und die Sachen nehmen, die dort obenauf liegen. Nein, das würde er nicht machen. Das wäre schon zu viel. Er würde die Sachen hochnehmen, die er gestern vor seinem Bett hat fallen lassen, ein bisschen dran riechen, ob sie noch »okay« sind, und dann reinsteigen. Aber nicht Heiko Lippmann!

Wir stehen also kurz vor unserem Wettbewerbsauftritt in der Garderobe, ich versuche, meine irgendwie noch etwas zusammengepappten Stimmbänder lockerzuträllern, während ich mich brav »grundiere«, als Heiko neben mir aufschreit und mit aufgerissenen Augen die Hand vor den Mund hält: »Katrin! Katastrophe! Ich habe meine Hose vergessen!«

Nun ist Heiko freilich nicht im Schlüpper angereist, aber ein Auftritt ohne eine passende, fein auf mein Outfit abgestimmte Bühnenhose, das ist ja wohl ein modischer Fauxpas ersten Ranges! Jetzt muss er in Jeans hinterm Flügel sitzen und das bei einem Bundeswettbewerb. Ich lache beinahe meine Puderdose leer, und – o Wunder – meine pappigen Stimmbänder lösen sich!

Gerade rechtzeitig. Wir treten auf, und ich singe und stöckele selbstbewusst vor der Jury herum, als käme ich vom Broadway und nicht aus Gera.

Die Jury guckt und nickt freundlich und fragt sich wahrscheinlich insgeheim, ob das eine Parodie sein soll. Während wir schon wieder im Zug sitzen und ich Heiko frage, ob es so ganz okay war, werden im Theater des Westens Damen auf die Bühne springen, die beim Singen ihre Spazierstöcke in den Fingern drehen wie Propeller und dabei im brusthohen Stechschritt mit der anderen Hand am Hut herumspazieren! Okay, ich hätte meinen Spazierstock auch mal zwischendurch hochwerfen können, aber dann hätte ich sofort fliehen müssen, damit er mir nicht auf den Kopf fällt.

Guten Morgen, Katrin Weber! Die Welt hat sich komplett gedreht in den letzten zwei Jahren. Während ich mit meinem Abschluss als Diplom-Musicalsängerin im Osten noch so etwas wie ein Exot war, sind Musicals in Deutschland plötzlich Riesenevents mit eigenen Palästen à la »Cats« oder »Starlight Express«. Musicalsängerinnen der neunziger Jahre sind Allroundgenies, die schmettern, miauen, brüllen und dabei noch erotische Verrenkungen machen können, ohne jemals aus der Puste zu kommen.

Doch dann passiert das Unglaubliche! Heiko

Lippmann sei Dank! Ich bekomme einen Preis! Den Franz-Grothe-Preis des Bundesgesangswettbewerbs! Franz Grothe, einen der Schwerstarbeiter der heiteren Melodien, kennen Sie natürlich nicht, aber wenn ich Ihnen jetzt leise vorsinge: »In der Nacht ist der Mensch nicht gern alleine / Denn die Liebe im hellen Mondenscheine / Ist das schönste ...«, dann ahnen Sie wenigstens, wen ich meine. Die Jury hat mich ausgewählt! Wahrscheinlich aus Nostalgie. Weil ich Ihnen vorkam, wie eine aus den dreißiger/vierziger Jahren. Weil ich etwas habe, was die Musical-Athletinnen dann doch vermissen lassen: »Eine Vorkriegseleganz, die es eigentlich nicht mehr gibt«, wie die SZ später einmal schreibt. Oder, weil ich eben »eine seltene Kombination« bin, wie Eleonore Weisgerber, die berühmte Schauspielerin und Chansonnière zur Preisverleihung fand.

Wird das jetzt ewig so weitergehen? Von Preis zu Preis? Von Hauptrolle zu Hauptrolle? Von Gastspiel zu Gastpiel? Werde ich, der klaane schwarze Deifel aus der Wochenkrippe, mit nichts als meiner Stimme und meinen blitzenden Augen unter den ungezupften Brauen den Musicalhimmel stürmen? Musicalsängerinnen müssen sich sputen. Eliza, Charity, Maria Magdalena, Evita – das sind ja alles keine Damen in den Wechseljahren. Man hat vielleicht zehn, fünfzehn gute Jahre, in denen man solche Rollen singen kann. Mit Mitte dreißig ist Schluss. Dann braucht man nicht mal mehr vorsingen zu fahren. Hinter einem trällert schon schadenfroh der Chor, in den man sich bald einreihen wird. Alternde Soubretten können mitunter garstig sein, und das aus gutem Grund. Es ist ein gnadenlos kurzlebiges Geschäft.

Das heißt für mich, ich muss jede noch so kleine öffentliche Aufmerksamkeit nutzen, damit fürderhin niemand mehr in einer Jury oder einem Besetzungsbüro fragen wird: »Katrin Weber? Wer ist das noch mal? Muss man die kennen?«

Da passt es doch hervorragend, dass gleich nach dem Gewinn des Franz-Grothe-Preises das Funkhaus anruft und zum Interview bittet. Hatte ich eigentlich auch erwartet. Man ist ja schließlich nicht mehr irgendwer. Ich bin die »Von jeder Reise bringt sie Preise!«-Katrin. Ich schwebe also an den Kleiderschrank und wähle einen roten Mantel zum schwarzen Hut. Ein bisschen warm für die Jahreszeit, aber extravagant: Kenne mich doch aus mit dem Fernsehen. War schließlich schon zweimal da. Da muss es knallen. Signalfarben. Teuerste Schnitte. Den Kragen hochgeschlagen und den Hut ein wenig schräg. Abweisend und geheimnisvoll. Verrucht, aber unberührbar. Der Blick verschleiert und doch scharf, er wird den Fragesteller mitten durchschneiden. Schon der Spiegel im Flur scheint vor meinem Bild zu erzittern. Ich hauche mit rassigem Timbre einmal zur

Probe »Frrrranz-Grrrrothe-Prrreis-Trrrägerin!«, und dann geht es ab zum Funkhaus. Es ist ja 1991, und den Deutschen Fernsehfunk mit seiner Zentrale in Berlin-Adlershof gibt es nicht mehr. Stattdessen aber viele kleine Fernsehfünke, unter anderem den nigelnagelneuen Landessender Thüringen mit seiner fürstlichen Residenz auf dem ehemaligen Stasigelände. Und das ist quasi bei mir um die Ecke.

Ich walle also wie Lady in Red die paar Meter dem Funkhaus entgegen und schreite auf den Eingang zu. »Katrin Weber!«, jubiliere ich dem Pförtner zu. »Man erwartet mich zum Interview!« Der Pförtner sagt erst mal: »Stopp! Ganz langsam!« Ich bin ihm nicht annonciert worden. Nun gut. Es ist alles im Umbau begriffen. Ich habe natürlich Verständnis. Er schnüffelt noch einmal kurzsichtig seine Gästeliste herunter. Umsonst. Greift zum Telefon und sagt: »Hier ist eine Frau Weber. Sie sagt, sie will ein Interview.« Um dem Mann zu helfen, beuge ich mich kurz zu seiner Luke und ergänze: »Ich habe den Franz-Grothe-Preis gewonnen!« Der Pförtner nickt und sagt ins Telefon: »Sie hat einen Preis gewonnen!« Ah, endlich scheint es am anderen Ende heller zu werden. »Gehen Sie mal bitte in Zimmer 9!«, sagt der Pförtner und reicht mir einen Tagesausweis. In Zimmer 9 wiederhole ich mich gnädig: »Guten Tag. Ich bin Katrin Weber. Ich bin hier wegen des Franz-Grothe-Preises.« Die Dame in der Zuschauerredaktion mit der Lesebrille an der Kette sagt, wenn Franz Grothe einen Preis gewonnen hat, muss er den selber abholen. Nein, nein, sage ich, der Franz-Grothe-Preis ist ein Preis des Bundesgesangswettbewerbs, den ich, Katrin Weber, gewonnen hätte. »Ach sooo«, sagt die Zuschauerredakteuerin, also nicht die »Guten Morgen, Thüringen!«-Kaffeetasse oder das »Guten Morgen, Thüringen!«-Frühstücksbrettchen? Nein, meine ich, das sei ein richtiger, ein Künstlerpreis. Denn: Ich sei eine Künstlerin. »Gehen Sie mal in Zimmer 21 zur Kulturredaktion!« Ich erklimme die Treppe zum Obergeschoss, wobei mir schon etwas warm wird unter dem roten Wintermantel. In der Kulturredaktion hocken zwei anämische Rollkragen-Hänflinge zwischen großen Zeitungsstapeln. »Guten Tag. Ich bin Katrin Weber. Ich habe den Franz-Grothe-Preis gewonnen«, stelle ich mich vor, »man erwartet mich für ein Interview.« Die beiden Kulturredakteure gucken skeptisch. Wer denn genau mich erwarte?, werde ich gefragt und registriere mit einem kleinen peinlichen Ziehen im Oberbauch, dass ich das vor lauter eigener Bedeutung vergessen habe. »Um 16 Uhr!«, fällt mir gerade noch ein. »16 Uhr? Dann gehen Sie doch mal in Zimmer 34! Da ist die Nachmittagsredaktion.« Mittlerweile hat sich die Wärme unter meinem Mantel in Feuchte verwandelt. Über unerbetenem Schweiß droht mein Make-up zu erodieren. Ich eile zu Zimmer 34 und sage: »Guten Tag. Ich bin Katrin Weber. Die mit dem Franz-Grothe-Preis-Interview!« Am großen Tisch in der Nachmittagsredaktion sitzen lauter junge, aufgeregte Journalisten, die gerade debattieren, ob der Unfall an der Bahnschranke im »News-Flash« auf die »Eins« soll oder der Hausbrand mit den fünf Rauchvergiftungen. Katrin Weber? Interview? Keine Ahnung. Im Plan steht nichts. Aber hier ändere sich ja häufiger was. Ich solle mal zum Senderedakteur in dem Anbau. Da es mittlerweile Viertel vor vier ist, hetze ich die Treppe hinunter zum Anbau, finde den Senderedakteur, der gerade Stress hat und mich anschreit, dass ihm egal sei, ob ich Katrin Weber sei und hier Franz Grothe anpreisen will, jedenfalls nicht in seiner Sendung. Ich bin völlig aufgelöst, und meine selbstbewusste Damenhaftigkeit verfällt zusehends. Die Assistentin des Senderedakteurs hat ein Herz und meint, wenn das irgendjemand wissen könne, dann doch wohl die Leiterin des Funkhauses, Barbara Molsen. Ich renne mit fliegendem Mantel schweißnass die Treppe wieder hinauf bis ganz nach oben ins Chefsekretariat, mein Make-up hat sich mittlerweile in ein Aquarell verwandelt. »Katrin Weber!«, keuche ich, »Ich habe den Franz-Grothe-Preis! Gewonnen! Das Interview! Beginnt! In zwei Minuten!« Die Chefsekretärin nimmt angesichts meiner Verzweiflung all ihren Mut zusammen und klopft bei der Landesfunkhauschefin, die gerade große Sitzung hat. Draußen stünde eine Sängerin namens Katrin Weber, die behaupte, jemand wolle sie punkt 16 Uhr interviewen. Barbara Molsen zuckt ahnungslos die Schultern, und reicht den Casus herum. »Hat die jemand von euch bestellt?« Allgemeines Kopfschütteln. Die Chefsekretärin rüttelt ein letztes Mal am versammelten Gedächtnis: »Sie hat den Franz-Grothe-Preis bekommen.« Barbara Molsen hebt ratlos die Augenbrauen. »Na dann, sagen Sie ihr: Herzlichen Glückwunsch!« Die Chefsekretärin schließt behutsam die Tür. »Nichts zu machen. Sie haben's ja gehört.«

Als Diva bin ich gekommen, und schwankend, mit offenem Mantel und mit verwischtem Makeup wie eine alkoholkranke russische Prostituierte komme ich zum Pförtner zurück und werfe ihm den Tagesausweis durch die Luke. Wer hat mich so zum Narren gehalten? Oder habe ich mich am Telefon verhört? Was für eine Demütigung! Als hätte mich jemand erst aufs hohe Podest gelockt, um mich dann umso besser hinabstoßen zu können. Ich schlurfe nach Hause und werfe mich schlapp in die Couch, erledigt und zerflossen wie Dalís Uhr – bloß als Frau. Da kommt mein »Hallo Partner!« Matthias Winter aus der Küche (ja, fragen Sie jetzt nicht, der hält sich irgendwie seit geraumer Zeit in meiner Wohnung auf, ich habe dafür auch keine Erklärung, es muss wohl Liebe sein) und sieht mich fassungslos an: »Wo bist du gewesen? Ein Herr Braumann vom Hörfunk hat schon fünfmal angerufen! Du warst dort für 16 Uhr zum Interview bestellt!« Ach, das Radio war's. Herrgott, wie soll man denn da durchblicken, bei den vielen Hör- und Fernsehfünken jetzt!

Die peinliche Tour durch das Geraer Funkhaus ist ein Menetekel. Ich weiß es noch nicht, aber dieser vermaledeite Preis wird meine letzte selbstersungene, selbsterrungene Auszeichnung im Fach Musical sein. Von jetzt an wird mein Leben nur noch aus etwas sehr Paradoxem bestehen, aus Erfolg gewordenen Misserfolgen. Ich werde alles verlieren und irgendwie auch wieder alles gewinnen. Nach dem Raketenstart wird es gewaltig knallen, und ich werde denken, das war's. Aber dann wird es erst richtig losgehen! Merken Sie sich das für Ihr eigenes Leben: Manchmal, wenn Sie denken, es fliegt Ihnen alles um die Ohren, liegt das nur daran, dass an Ihrem Raumschiff gerade eine neue Stufe gezündet wurde!

Aber so weit bin ich noch nicht. Ich bin immer noch froher Hoffnung, dass ich ein strahlender Stern am gesamtdeutschen Musicalhimmel werde! Und siehe da: Ein paar Wochen später ruft das Theater des Westens an. Sie suchen jemanden, der schwarze Haare, funkelnde Augen und ein strahlendes Lächeln hat und Musical singen kann. Na, also! Läuft doch wieder! Berlin, ich komme noch mal! Im Verlauf des Gesprächs stellt sich allerdings heraus, dass sie nur jemanden suchen, der so ähnlich aussieht wie Renée Knapp, die in der Inszenierung des Musicals »Nine« die Claudia singen soll. Also eine Doppelbesetzung für den Fall, dass Renée Knapp mal krank wird. Mmmh. Eigentlich hatte ich ja von meiner preisverwöhnten Karriere erwartet, dass höchstens ich für den Fall des Falles von einer anderen doppelbesetzt werde. Aber nun gut, es ist das Theater des Westens in Berlin, da wollen wir mal nicht so sein. Und es wäre auch nicht das erste Mal, dass ein Ersatz später für besser als das Original befunden wurde! Ich sage also zu, und die Dame am Telefon erwidert: Fein, dann kommen Sie mal her zum Vorsingen. Vorsingen – ich? Wie viel Renée-Knapp-Doppelgängerinnen gibt es denn, die Musical singen können? Vorsingen ist ja nicht so meins. Dafür bin ich einfach zu zart. Man läuft sich warm, man singt sich locker, man geht im glitzernden Kostüm auf die Bühne, der Korrepetitor dehnt die Finger vorm Piano, unten im Saal sitzen ein paar Augen, und dann legst du los. Singst eine halbe Strophe, da knackt schon das Regiemikrofon, und jemand sagt: »Danke! Das war's! Wir melden uns!« (Haha! Vergessen Sie's!) So läuft es immer. Don't call us, we call you! Der Nächste bitte. Lalala. Du willst gerade anheben zu einem bombastischen Refrain, da heißt es schon: »Danke! Wir melden uns!« Es ist gnadenlos. Jeder Besucher der Reeperbahn nimmt sich mehr Zeit, vorm Nuttenschaufenster stehen zu bleiben, als Musicalregisseure beim Casting. Ich habe schon Vorsingerinnen erlebt, die zu Beginn flehten: »Ich möchte bitte, bitte mein Lied zu Ende singen dürfen.« Da lachen die Bewerter da unten natürlich nur.

Doch ich darf im Theater des Westens mein Lied zu Ende singen, erst dann knackt das Regiemikrofon, und der Chef des Hauses höchstselbst, Helmut Baumann, spricht hinein: »Bleiben Sie mal da! Ich komme hoch zu Ihnen!« Na, wenn das kein gutes Zeichen ist! Baumann muss mich kennen. Er saß immerhin beim Bundesgesangswettbewerb in der Jury. Er hat mir den Franz-Grothe-Preis überreicht! Die Hand geschüttelt! Baumann kommt die kleine Treppe zur Bühne hoch, nimmt die Brille ab und mustert mich eingehend. »Wie war noch mal ihr Name?«, fragt er. Ich lächle ein feines Fräulein-Liebreiz-Lächeln und sage: »Wir kennen uns vom Wettbewerb! Ich bin die Katrin Weber! Ich habe den Franz-Grothe-Pr...« »Aha«, knurrt Helmut Baumann, ohne weiter auf meine Avancen einzugehen, und setzt seine Brille wieder auf. »Na ja. Alles Gute noch!« Und geht wieder zurück, mich vorher mit knapper Geste von der Bühne wünschend. Ich bin völlig fassungslos. Ich werde nie wieder etwas über diesen Preis sagen. Nie wieder. Ich werde weder die Worte »Franz« noch »Grothe« noch »Preis« sagen. Das ist ja wohl kein Preis, das ist ein Sargnagel! Ein Fluch!

Als wolle mir das Schicksal diesen Eindruck eines dunklen Omens bestätigen, muss mein Partner Matthias Winter bei der Rückfahrt (ja, ich weiß, das kommt für Sie jetzt wieder überraschend, aber der sitzt jetzt dauernd bei mir im Auto rum und fährt mich und quatscht mit mir. Ich habe dafür nur eine Erklärung, es muss daran liegen, dass wir mittlerweile zusammenwohnen. Mein »Hallo Partner!« von der Theaterpforte damals war wohl doch keine leere Drohung), Matthias muss also an einer Berliner Kreuzung heftig bremsen. Heftige Bremsungen an sich sind schon nicht schön, aber wenn man wie ich gerade dabei war, sich einen großen offenen und vollen Becher Kefir zum Munde zu führen, dann wird es Sie sicher nicht wundern, wenn ich Ihnen unverblümt mitteile, dass ich danach aussah (und roch!!) wie jemand, dem hundert Babys gleichzeitig aufs Revers gebrochen haben. Und genau das liebe ich an diesem meinem neuen Mann da am Steuer: dass er jetzt nicht lacht. Dass er nicht mal mit den Mundwinkeln zuckt. Dass er sich im Griff hat, während ich, von aller Welt abgelehnt und abgewiesen, mit vergorener Milch beschüttet, ein bisschen sehr schlimm ungehalten werde!! Ich werde so ungehalten, dass die Fahrer auf der Spur neben uns sofort die Innenverriegelung aktivieren und die Mütter an der Kreuzung ihre Kinder umdrehen, damit sie nicht von diesem Bild einer schnappatmig kreischenden Hexe traumatisiert werden. Aber schon ein, zwei Stunden später habe ich mich wieder im Griff. Dann darf Matthias mich auch ein bisschen trösten. Er kann das besser als ich. Oder, um es an dieser Stelle zu bekennen: Alle können das besser als ich.

Ich bin eine Katastrophe im Trösten. Einer befreundeten Tänzerin aus dem Theater, die sich ausgerechnet bei einem albernen Sirtaki-Tanz während einer ausgelassenen Feier den Fuß gebrochen hat, und zwar mit Komplikationen satt, und die mittlerweile eine riesige Unterschenkelorthese tragen muss, rufe ich zum Beispiel am Bühneneingang aufmunternd zu: »Na, Klumpfuß!« Berichte, dass ich ihr dabei forsch auf die Schulter geklopft habe, so dass sie hinter mir umgestürzt sei, entbehren übrigens jeder Wahrheit.

Wir sind auch oft im Tropenhaus Biele in Gera. Schließlich sind wir mittlerweile eine Familie, und zu einer Familie, wie ich sie seit Kindesbeinen kenne, gehört mindestens ein Haustier. Bei uns ist es ein schon etwas betagter Hund mit dem für die Ansprüche einer Musicalsängerin nicht weiter überraschenden Namen »Higgins«, nach dem Professor Higgins aus dem Musical »My Fair Lady«. Der Inhaber vom Tropenhaus Biele, Herr Biele, ist ein großer Verehrer meiner Kunst und lässt keinen Einkauf vorübergehen, ohne ein kleines Schwätzchen mit mir zu halten und mir ein kleines Blumenpräsent zu überreichen.

Doch das Alter kommt mit seinen Plagen, und

eines Tages hat Herr Biele Krebs, wie seine Frau mir traurig mitteilt. Als wir ein knappes Jahr später – »Higgins« ist mittlerweile im Hundehimmel und wurde umgehend durch einen neuen Hund namens »Javert« ersetzt – mal wieder Hundefutter im Tropenhaus einkaufen, treffen wir Frau Biele ganz allein, und ich frage sie sogleich, wie es ihrem kranken Mann gehe. Frau Biele guckt nur traurig und antwortet, ihr Mann sei leider verstorben. Das rührt mich natürlich auch bald zu Tränen, und deswegen sage ich mit erstickter Stimme zu ihr: »Trösten Sie sich, Frau Biele! Dieses Hundefutter hier ist auch nicht mehr für den Higgins!« Matthias neben mir bekommt sofort dieses abrupt selbstbeherrschte Gesicht, dieses innere Abrücken, eine für alle sichtbare »Ich kenne diese Frau nicht! Wir halten uns nur zufällig am selben Einkaufswagen fest«-Miene, aber ich tröste einfach weiter.

Wahrscheinlich ist mein Sohn deswegen immer so tapfer. Er hat Angst, dass ich ihn tröste. Noch heute schaffe ich es, Menschen mit einem einzigen, gutgemeinten Satz von null auf hundert zu bringen. Zum Beispiel, wenn ich eine sichtbar für mindestens zweihundert Euro durchfrisierte Bekannte im Friseursalon treffe und frage: »Bist du schon fertig?«

Ein Gutes hat das gescheiterte Vorsingen im Theater des Westens jedoch: Ich beschließe, mich nie wieder irgendwo zu bewerben. Mit dem angeborenen Selbstbewusstsein einer Kreisstadt-Diva erkenne ich, dass schon der zitternde Akt des Vorsingens, des Anbietens der eigenen Person auf dem Markt, Gift für Selbstwert und Ausstrahlung ist. Wer mich haben will, soll sich um mich bemühen. Dann weiß er auch am Ende, was ich ihm wert bin.

Das Licht geht aus

Die Köstritzer Schwarzbierbrauerei ruft an. Die Frau vom Chef persönlich. Ob ich Lust hätte, bei einer Festivität ein kleines musikalisches Programm aufzuführen. Natürlich für eine der Bedeutung des Unternehmens angemessene Gage. Nach der Pleite beim Vorsingen im Theater des Westens ist so ein Anruf Labsal für mein darniederliegendes Selbstwertgefühl. Ein wenig später ruft sie noch mal an und hat eine Idee. Wie ich es fände, ihren werten Gatten, den Chef des Unternehmens, zu überraschen, indem ich aus einem riesigen Geschenkkarton komme und dann wie Marilyn Monroe »Happy Birthday, Mr President!« oder so was singe. Ich zögere einen Augenblick. Steigen Diven aus Pappkartons? Oder ist das peinlich? Na gut, denke ich schließlich, dieses eine Mal mag das angehen. Ist ja eine private Feier. Vor Kollegen oder Bekannten wäre mir das unangenehm. Also hocke ich mich, sexy hergerichtet, am nämlichen Abend in den Karton und lasse mich in den Festsaal schieben. Doch es stellt sich heraus, dass zum neckischen Herausspringen aus einem Karton vorab ein paar wichtige Fragen geklärt sein müssen. Als da wären: Wurde der zu Beschenkende dahingehend informiert, dass er den Karton so weit zu öffnen hat, dass das innenhockende Musicalhäschen auch herausspringen kann? Wurde er instruiert, der Dame seine Hand für einen graziösen Ausstieg zu leihen, oder besteht die Gefahr, dass das Fräulein aus dem Karton klettern muss, womöglich umstürzt und bewusstlos liegen bleibt?

Alle diese Fragen sind nicht geklärt. Stattdessen hat man mich in einen mit einer großen, roten Schleife versehenen Waschmaschinenverpackungskarton gesteckt – und ab damit. Ein paar Minuten lang werde ich übers Linoleum scheinbar endloser Flure geschoben. Minuten, in denen ich erkenne, dass ich nicht zu den Menschen zähle, die gerne in einem dunklen Behälter irgendwohin gebracht werden. Dann komme ich endlich im Festsaal zum Stehen. Der Brauereichef kommt auch heran und fummelt ein bisschen das riesige Geschenk auf, aber nur so weit, bis er einen Spalt hineinsehen kann. »Ach«, sagt er, ein ganz klein bisschen überrascht, »na gucke, die Katrin Weber!«

Und geht wieder zurück zu seinem Köstritzer Schwarzbier. Kein Tusch, nicht mal eine Wunderkerze! Mitten im Saal steht ein Karton mit einem kleinen aufgefummelten Schlitz.

Was dann folgt, ist eine mühselige Selbstbefreiungsaktion meinerseits. Und was sehe ich, als ich endlich aus dem vermaledeiten Karton gekrochen bin? Kollegen, Bekannte, die halbe Stadtprominenz von Gera ist auf dieser »kleinen, intimen Geburtstagsfeier« versammelt! Ich weiß sofort, dass ich damit bis zum Ende aller Tage aufgezogen werde. Katrin-»Es rappelt im Karton«-Weber! »Ach, dich kann man jetzt als Paket buchen?« »Achtung, jetzt kommt ein Karton!« Und so weiter.

Aber warum soll es mir hier besser gehen als im Theater? Einige Zeit zuvor hat das Theater Gera das Musical »Annie get your gun« (»Ich schieß mit der Knarre dem Pfarrer die Zigarre / aus dem Mund, weil ich klar sehen kann!«) auf die Bühne gebracht, und ich erspare Ihnen das Rätselraten, wer die ungehobelte, rauh- und auch noch o-beinige Kunstschützin Annie spielen soll. Es sind ja die ersten Jahre nach der Wende, und da herrscht große Freude unter den Musicalproduzenten. Denn plötzlich gibt es solche kapitalistischen Wunderdinge wie meterlange Reißverschlüsse, mit denen man verrückte hautenge Kostüme schneidern kann. Die Indianertruppe in »Annie get your gun« zum Beispiel bekommt tolle Ganzkörperanzüge aus westlichem Lycra mit aufgemalten Tattoos. Auch Franz Olschowski, der Regisseur, lässt sich vom Übermaß der neuen Möglichkeiten hinreißen. »Pass auf, Katrin«, sagt er, »wir bauen dir ein als Büffel verkleidetes Motorrad, das an einer Stange im Kreis herumfährt, und da stellst du dich dann rauf und schießt im Stehen während der Fahrt ein paar Glühlampen im Zirkus aus! Stell dir mal vor, was das für einen Effekt macht! Das wird der Knaller! Würdest du dir das zutrauen?«

Natürlich traue ich mir das zu. Das Problem ist eher, ob die Werkstatt und die Requisite sich das auch zutrauen. Das Schöne an solchen Ideen ist doch, dass man sich einfach was vorstellt und sich nicht fragen muss, ob das Theater Gera schon bereit ist für solche Raffinessen. Im Falle der lycrabekleideten Indianertruppe zum Beispiel stellt sich heraus, dass die langen Reißverschlüsse auf dem Rücken unerwarteterweise Falten werfen. Statt mit makellosen brauntätowierten Lycra-Oberkörpern am Kunstfeuer zu sitzen, hocken die Kollegen jetzt plötzlich da wie eine Horde rätselhafter Echsenmenschen mit Zacken am Rücken.

Aber die Kollegen aus der Theaterwerkstatt lassen ihre Köpfe rauchen, tüfteln und beraten, schweißen und schneiden, und siehe da – am Ende rollt auf der Bühne ein von einem zentralen Elektromotor angetriebener Motorradbüffel gemächlich mit quietschenden Gummireifen in einem Kreis herum. Ich stehe mit zitternden Knien in den Steigeisen und knalle die Glühlampen aus. (Das heißt, ich schieße mit Platzpatronen, und die Kollegen am Licht legen dann dankenswerterweise den Schalter um.) Die Requisiteure können stolz auf sich sein: Noch nie wurde in einem Theaterstück eine solche Konstruktion zur Erzielung von Knallereffekten verwendet!

Was die Kollegen aus der Theaterwerkstatt nicht wissen: Es gibt verdammt gute Gründe, dass eine solch ausgetüftelte Büffel-Motorrad-Stangen-Elektromotor-Konstruktion noch nie in einem Theaterstück verwendet wurde! Es war nicht mangelnder Ingenieursgeist, der die Theaterwerkstätten dieser Welt vor einer solchen Konstruktion zurückschrecken ließ, o nein, es war Vernunft! Denn als ich in der ungefähr fünften Vorstellung als tolldreiste Annie, hopp heißa, unter Trommelwirbeln auf meinen rollenden Büffel steige, merke ich, dass es diesmal nicht so richtig losgeht. Er scheint sich zwar zu bewegen, doch nur sehr langsam. Ich erhebe mich trotzdem mit großem »Yippieh!« und hole meine Pistole aus dem Holster, aber das Gefährt kommt überhaupt nicht vom Fleck. Irgendwie haben die Reifen zu wenig Luft, oder der Elektromotor ist nicht für die Dauerbelastung ausgelegt, oder ich habe seit der letzten Vorstellung unwahrscheinlich zugenommen. Eigentlich soll es ja die perfekte Illusion einer temporeichen artistischen Zirkusnummer sein. Aber das hier fühlt sich eher an wie eine Zirkusnummer unter Wasser und in Zeitlupe. Quälend langsam ziehen die Gesichter der Zuschauer an mir vorbei. Die

»Geschwindigkeit« des »Büffels« hätte es mir erlaubt, mit jedem Einzelnen ein paar Worte zu wechseln. Endlich komme ich bei der ersten Glühlampe an. Ich ziele, aber es macht nur Klick. Die Platzpatrone hat sich verklemmt. Die Leute vom Licht warten aber auf den Knall, also bleibt die Lampe an. Weiter geht es. Und genau das ist das Problem: Niemand hat den Mut, diese verunglückte Vorstellung zu unterbrechen. Ich würde das Tempo jetzt als ein etwas schnelleres Stehen beschreiben. Vielleicht einen quietschenden Meter pro Minute. Die Zuschauer verfolgen gebannt, wie ich Zentimeter um Zentimeter an die zweite Glühlampe heranrolle, mit der Pistole ziele, Klick mache und dann, dumm der weiterhin glühenden Glühlampe hinterherglotzend, in Zeitlupe weiterreise. Ich frage mich, wie lange der Percussionist im Orchestergraben noch trommeln kann. Vielleicht wird es ein Eintrag ins Guinnessbuch der Rekorde: »Längster unbeabsichtigter Trommelwirbel!« Draußen im Foyer wird der Pausensekt in den Gläser lau, während ich quietschend und knarrend auf meinem Büffelmotorrad durch die Manege krieche. Erste Zuschauer unterhalten sich darüber, ob mein Untersatz noch fährt oder schon steht. Endlich kommt die dritte Glühlampe in Reichweite! Das hat jetzt bestimmt fünf Minuten gedauert. Was wird übermorgen in der Zeitung stehen? »Katrin Weber nutzte ihren Auftritt im Musical ›Annie get your gun‹, um eine Viertelstunde lang auf einem Büffel stehend mit ihrer Pistole still auf vier verschiedene Glühlampen zu zeigen – eine Demonstration bewusster Entschleunigung in unserer immer kurzlebiger werdenden Welt.« Nein! Diese Pantomime muss ein Ende haben. Also ziele ich auf die dritte Glühlampe und rufe, so laut ich kann: »Peng!« Gelächter allenthalben, aber die Leute vom Licht haben es endlich kapiert und löschen die Lampe. Ich springe vom »Büffel«, laufe zur vierten Lampe und schreie »Peng!«, Dunkel und Verbeugung! Hinter mir knarzt das schlappe Motorrad in den Schienen. Ein sterbender Büffel. Eher eine Anklage gegen die Tierdressur im Zirkus als ein Knaller. Und während hier und da zaghafter Applaus anhebt, frage ich mich das erste Mal, ob es einen geheimen Sinn hinter all diesen Pannen und Pleiten gibt. Warum verwandelt sich eigentlich alles unter meinen Händen in Jux und Alberei? Möchte mir das Schicksal etwas sagen? Aber was?

Das Schicksal ist ja generell nicht leicht zu verstehen. Ich würde sogar sagen, das Schicksal nuschelt ein bisschen. Und deswegen glaube ich gehört zu haben: Katrin, du musst endlich mal was Ernstes machen! Vielleicht ist es ja diese heitere Oberflächlichkeit, die zu all den Missgeschicken einlädt? Vielleicht musst du endlich mal Kunst machen, die düster ist und voller Verhängnis. Wozu hat Gott dir diese dunklen Augenbrauen und diese stählerne Stimme gegeben, wenn nicht, um erdenschwere Gesänge ins erschütterte Herz des Zuschauers zu senken?

Und wie ich so auf die Stimme des Schicksals lausche, ruft auch schon Dietmar Seyffert an. Mit ihm habe ich seinerzeit »Jesus Christ Superstar« in Gera gemacht. Er weiß, was ich kann (singen) und was ich nicht kann (gefahrlos von einer Bühne abgehen). Ob ich mir vorstellen könne, in einer szenischen Inszenierung von Heinrich-von-Kleist-Texten, der »Kleistiana« von Michael Schindhelm, den »Tod« zu singen. Es sei dies ein deutscher Kulturbeitrag für die Olympischen Spiele in Atlanta im Jahre 1996 und werde dortselbst und vorher schon im Kleist-Theater Frankfurt/Oder zur Aufführung kommen. Sein Sohn, der einzigartige Tänzer Gregor Seyffert, werde dazu tanzen, und ich solle den Gesangspart übernehmen. Na, das ist es doch! Alles, was ich will. Hohe Kunst, Bedeutung, internationales Publikum.

Als wir anfangen zu proben, merke ich schon: Das sind nicht die gefälligen Lieder, die ich bis jetzt gesungen habe. Es sind Melodien, die weh tun sollen. Und das tun sie auch, zuvörderst jedoch meiner Stimme. Wir sind noch nicht lange in den Proben, als ich merke, wie ich heiser werde. Aber anders als sonst erholt sich meine Stimme nicht, wenn ich ihr mal ein paar Tage Ruhe gönne. Wenn sich eine Stimme nicht erholt, ist das gar kein gutes Zeichen. Ich stemme und kiekse noch ein paarmal, aber dann ist allen Beteiligten klar: In meinem Hals ist irgendetwas grundsätzlich nicht in Ordnung. Dietmar Seyffert besorgt mir einen Termin in der Charité zur Endoskopie. Bei Professor Seidner. Eine bessere Expertise kann man hierzulande kaum kriegen. Wolfram Seidner ist selbst studierter Sänger und hat als HNO-Arzt noch zu DDR-Zeiten das verbindliche Lehrbuch zur Stimmschulung geschrieben. Er leuchtet ausgiebig in meinen Hals, und das, was er dann sagt, wird mein ganzes Leben auf den Kopf stellen: »Zuerst die gute Nachricht: Es ist kein Krebs.«

Ja, das ist schön. Kein Krebs ist immer schön. Kein Krebs ist quasi die Voraussetzung von fast allem. Aber ich meine dann doch eine seltsame vorauseilende Beschwichtigung zu vernehmen, eine Art »Wichtig ist jetzt nur, dass Sie am Leben sind«-Trost, den ich nicht so mag.

Der Professor klappt seinen Augenspiegel hoch und fährt fort: »Und jetzt die schlechte: Sie haben eine Stimmbandzyste.«

Stimmbandzyste, Stimmbandzyste? Das ist doch so eine Art Pickel auf den Stimmbändern. Ein bisschen Tupfen, ein bisschen Pudern, und in zwei Wochen singe ich wieder aus voller Kehle. Oder? Oder?????

Der Professor schüttelt den Kopf. »Das muss operiert werden. Und das heißt, sie werden mindestens Monate, wenn nicht Jahre nicht singen können.«

Monate? Das allein wäre schon eine Katastrophe. Die Kleistiana, das Projekt mit den beiden Seyfferts, Atlanta, die Olympischen Spiele – vorbei. Im Theater Gera laufen gerade die Vorbereitungen für die »West Side Story«, in der ich die Anita spielen soll. Ich muss alles absagen. Aber Jahre? Eine Musicalsängerin hat keine Jahre zum Aussetzen. Ich sagte es schon an anderer Stelle, das Musicalgeschäft ist ein Kurzstreckenlauf zwischen zwanzig und dreißig, dann kann man sich mal eine Runde zurückfallen lassen.

Das alles ist schon entsetzlich genug für jede professionelle Sängerin. Aber für einen Menschen wie mich, der quasi nur aus Sprechen und Singen besteht, der vom kleinen Quakfrosch auf dem Schulweg in Plauen bis zum scheinwerferumstrahlten Musicalprinzesschen immer schon ein Mensch gewordener Lautsprecher war, für den ist eine solche Diagnose und Aussicht kaum zu ertragen.

Katrin Weber – der kleine Komet am Musicalhimmel – erlischt und verglüht irgendwo im Dunkeln. Das war's dann wohl. Mein Evita-Kostüm, in dem ich gerade mal sechs Vorstellungen gespielt habe, geht in die Schneiderei, um der Kollegin angepasst zu werden, die meine Rolle übernehmen wird. Dietmar und Gregor Seyffert müssen ihre Kleist-Performance noch einmal von vorn beginnen. Sie wurde übrigens toll. Aber eben ohne mich.

Ich dagegen sitze frisch operiert in der HNO-Abteilung der Charité im Bademantel auf dem Flur und bin verstummt. Starre wortlos mit aufgerissenen Augen dem von mir verehrten und bewunderten Schauspieler Christian Grasshoff hinterher, der plötzlich – o Wunder – mit einer verbundenen Nase an mir vorbeiläuft. Ich bin unfähig, auch nur so etwas wie »Hallo!« zu krächzen. Das ist ja wie bei der kleinen Meerjungfrau! Stumm muss ich den großen Charismatiker vorbeiziehen lassen. (Abgesehen davon, dass Edelmimen mit verbundenen Knollennasen sich wahrscheinlich nur ungern in längere Gespräche oder gar Fotoaufnahmen verwickeln lassen.)

Meine Hoffnungen, dass sich nach der OP die Stimme vielleicht doch wieder erholt, zerschlagen sich. Im Gegenteil. Das behutsame Vorgehen der Ärzte – und das ist denn wohl auch angeraten bei einem solch fragilen Gewebe wie den Stimmbändern – hat nichts gebracht. Eine zweite Operation wird nötig, radikaler als die erste. Diese zweite Operation schickt mich endgültig zurück auf Los. Zwar habe ich keine Stimmbandzyste mehr, aber meine Stimme ist irgendwo da unten in der Wunde in meinem Hals, und ich weiß nicht, ob ich sie je wieder dort herausbekommen werde.

Es ist 1995, und mein Leben wird zum Mare Tranquillitatis, dem Meer der Ruhe auf dem Mond. Im Theater werden mehr und mehr meiner Kostüme in die Schneiderei gebracht, damit andere meine Rollen spielen können. Hin und wieder fragen Kolleginnen, die ich in der Stadt treffe, noch: »Wann kommst du wieder?«, aber nach ein paar Monaten fragen sie nicht mehr. Im Theater hat sich mindestens nach der zweiten Operation an meinen Stimmbändern herumgesprochen, dass ich nicht dieses Jahr und vielleicht auch nicht nächstes und überhaupt ...

Mein Sohn muss lernen, mit einer Mutter umzugehen, die nur »gucken« kann, wenn sie mal böse ist. Wenn Sie sich heute fragen, woher die Webern all diese Grimassen herhat, mit der ich mich auf der Bühne kapriziere, dann sage ich Ihnen: Versuchen Sie mal, einen Neunjährigen nur mit dem Gesicht zu erziehen! Rufen Sie ihn mal nur mit dem Gesicht zum Essen, oder halten Sie ihn nur mit dem Gesicht davon ab, den Hund am Schwanz zu ziehen! Oder sagen Sie ihm einfach nur mit ihrem Gesicht, dass alles gut wird und sie ihn liebhaben! Das ist nicht so einfach, das kann ich Ihnen verraten.

Unmöglich aber ist, eine Party zu besuchen oder auch nur ein Kantinengespräch, ein bisschen Klatsch und Tratsch zu machen, wie ich es so liebe. Witze, die mir auf der Zunge liegen, müssen dort liegen bleiben, weil mein Rachen sie nicht herausbefördern kann. Anekdoten und Geschichten, freche Bemerkungen kann ich mir alle für später aufheben, aber wann wird dieses »später« sein? In der schwarzen Hölle meiner Angst sitze ich und frage mich, ob ich zu den Glücklichen zählen werde, die eines Tages wieder so sprechen und singen werden, als wäre nichts gewesen, oder zu den Unglücklichen, bei denen es nie wieder so wurde wie ehedem. Ein krächzender Rabe, eine fistelstimmige Hexe aus dem Vogtland. Kein Alkohol, kein Nikotin ist mir erlaubt, um mich zu trösten. Ich habe wirklich eine Depression biblischen Ausmaßes!

Ich bin ja mit quasi nichts, nur auf meinen tollen Stimmbändern aus meinem kleinen Plauen in die große weite Welt hinausbalanciert, nach Dresden, nach Berlin, ins Fernsehen, in den »Westen«, und hätte es jetzt beinahe bis nach Amerika geschafft, aber nun haben die Bänder mir spröde den Dienst versagt. Vielleicht wollte ich zu viel? Vielleicht habe ich meiner Stimme etwas zugemutet, das sie nicht leisten konnte? Aber woher sollte ich das denn wissen? Wie sollte ich wissen, was sie kann, wenn ich es nie ausprobiert hätte? Ich konnte doch nicht auf meinem Talent zu Hause hocken bleiben und träumen, wie es gewesen wäre, wenn ...? Ich musste doch singen! Soll das heißen: Der Traum ist aus? Wird Ilse Hahn jetzt recht behalten, die ja schon im Studium meinte: »Sie können doch auch schön zeichnen!«? Oder wartet die Damenkonfektion auf eine reumütig zurückkehrende Schneiderin?

Was ich nicht weiß: Meine Stimme wird natürlich nie wieder so werden wie vorher. Sie wird so werden, wie sie jetzt ist. Sie wird die Stimme werden, die die Leute meinen, wenn sie sagen: »Ich war mir nicht ganz sicher, ob Sie wirklich die Katrin Weber sind, aber an der Stimme habe ich Sie erkannt!«

Ich hätte es ja nie für möglich gehalten, aber jetzt ergeht es mir wirklich wie Eliza Doolittle aus »My Fair Lady«, die unter akademischer Aufsicht sprechen lernen muss. Alle vierzehn Tage fahre ich, die stumme Katrin, mit dem Zug von Gera nach Jena und heule dem Stimmtherapeuten Martin Ulrich vom dortigen HNO-Klinikum was vor. Für jede Sitzung braucht Martin Ulrich einen ganzen Zellstoffstapel. Eigentlich sollen wir ja sprechen üben, aber die Töne, die ich hervorbringe, lassen mich jedes Mal in Tränen ausbrechen. Einmal bin ich so verzweifelt, dass ich ihn frage, ob ich mich gleich hier in die Psychiatrische einliefern lassen könne. Martin Ulrich schiebt mir noch mal den Zellstoffstapel zu und meint trocken: »Noch sind Sie kein Fall für die Psychiatrie, aber wenn Sie sich da einliefern lassen, dann werden Sie bald einer sein!« Also durchhalten und Stimmübungen machen. Pusten, Zischen, Summen üben. Im Grunde fange ich noch mal von vorn an. Anders kann es im Jahre 1963, als ich ein Baby war, auch nicht gewesen sein. Ein bisschen Lallen, ein bisschen Murren, ein bisschen Brümmerchen machen und dazwischen viel heulen. Im Grunde genommen fahre ich alle paar Tage nach

Jena, um mir dort meine verlorengegangene Stimme in Einzelteilen wieder abzuholen, in kleinen, noch ganz neugeborenen Vokalen und Konsonanten. Es sind kuriose Übungen, die Martin Ulrich mit mir macht. Wie in Frankensteins Labor sitze ich da, Kabel und feuchte Schwämme am Hals, und lasse meine halbtoten Stimmbänder mit Stromstößen wiederbeleben. Sitze im Zug zurück nach Gera und freue mich über ein gelungenes »N« oder ein geglücktes »Ö«. Kommt der Kellner mit dem Kaffee, sage ich »AAAA!«, und fragt er mich, ob ich Milch dazu haben will, sage ich »JAAAAA!«. Dann gebe ich ihm das Geld und sage: »DAAAA!«

Jesuslatschen und Zahnlücken

Als ich wieder ein bisschen singen kann, gibt man mir im Theater hier und da kleine Gesangspartien in Nebenrollen, aber das ist natürlich nicht das, wofür ich hier eingekauft wurde. Eigentlich ist es nur noch eine Frage der Zeit, bis die Kollegialität und Freundlichkeit des Theaters an die Grenze wirtschaftlicher Erwägungen kommt. Meine Entlassung steht ins Haus.

Aber! Gera ist – wie ich schon zu Beginn meiner Berufsjahre intuitiv richtig einschätzte – ein solides Mehrspartenhaus. Hier gibt es alles. Drama, Komödie, Musical, Operette, Oper, Ballett. Das ganze Programm. Und das wird sich für eine verunglückte Sängerin wie mich als eine Riesenchance erweisen! Denn hier gibt es eine Theaterkantine, in der alle diese verschiedenen Sparten zusammenglucken. Alle kommen hier zusammen. Die Musiker, die Sänger, die Tänzer, die Schauspieler, die Maskenbildner, die Garderobieren, die Bühnenarbeiter – und die Regisseure. Einer von ihnen ist Joachim Siebenschuh. Siebenschuh macht eines Tages eine ähnliche Entdeckung wie sein von mir geplagter Kollege Horst Ludwig, der mich bei »Sweet Charity« ein paar Dutzend Mal durch eine Tür gehen ließ, weil es ihm einfach nicht »normal« genug aussah.

»Warum«, fragt er mich eines Tages in der Kantine, »kommen hier jeden Tag Hunderte Leute rein, ohne dass jemand aufsieht? Und warum gehen ausgerechnet bei dir alle Köpfe hoch, wenn du durch die Tür kommst?«

Das ist eine gute Frage. Es ist die zentrale Frage meines Lebens. Warum wurde immer ich im Kindergarten ausgeschimpft und ins »Spielkäfterle« gesperrt, wo doch alle anderen Kinder mindestens so viel Dreck am Stecken hatten wie ich? Warum gucken immer alle zu mir, wenn was passiert? Warum lachen die Leute, wenn ich stolpere oder einen Witz mache, wo doch anderen Ähnliches passiert? Die Antwort liegt irgendwo in den Tiefen der Gene meines schmucken Vatis und meiner zackigen Mutti verborgen und heißt: Präsenz! Sie hat den Dutzendnamen Katrin Weber mit Neonfarben und Leuchtschrift unterlegt! Hätte ich hinter einem Vorhang singen müssen, wäre wahrscheinlich alles anders gekommen. Was immer meine Stimme hergab, beeindruckt waren die Regisseure und Juroren, die Gesangspädagoginnen und Stimmbildnerinnen, letztlich auch die braven Zuschauer im Saal, von der Art und Weise, wie ich auf der Bühne einfach nur dastand! Andere waren beweglicher, aber keine war präsenter! Dafür die Preise! Und darum geht es jetzt auch Joachim Siebenschuh. Denn wenn auch meine Stimme nicht mehr so schön klar sei wie früher, meine Ausstrahlung glänzte wie am ersten Tag. Ob ich nicht Lust hätte, sie in seiner neuen Inszenierung von »Anatevka« zur Geltung zu bringen? Und zwar als Zeitel, die älteste Tochter von Tewje, dem berühmten Milchmann. Warum nicht? Bevor ich hier in der Kantine versauere ...

Es ist das erste Mal, dass ich mit richtigen Komödianten zu tun bekomme. Musicaldarsteller haben ja auch mal hier und da Monologe, Dialoge, aber niemand nimmt ihnen übel, wenn das keine große Schauspielkunst ist. Inmitten von Show, Musik, Gesang und Tanz müssen die Mimik und die Gestik eben manchmal etwas »dicker auftragen«. Nicht so im Schauspiel. Hier herrscht die feine Aufmerksamkeit, und alles muss so daherkommen, als wäre es beinahe echt. Meine neuen Kollegen vom Schauspiel werfen sich dann auch die erste Zeit nur vielsagende Blicke zu und schmunzeln, wenn ich anfange, mit meinem Musicalstar-Walk über die Bühne zu stolzieren. Siebenschuh springt sogar einmal auf die Bühne und ruft: »Katrin, soll ich dir mal zeigen, wie du durch das Dorf Anatevka gehst?« Er arschwackelt ein paar Meter an mir vorbei. Ich habe Jahre gebraucht, um einigermaßen feminin gehen zu lernen, und jetzt soll ich das für eine Rolle wieder vergessen?

Aber am meisten lerne ich von Bert Franzke, welcher ein hünenhafter, aber nicht nur deswegen umwerfender Komödiant ist. Die kleinen Pausen, die kurzen Blicke, das urtümliche Selbstvertrauen in jedes noch so kleine Wort, das er dem Publikum hinwirft. Das ist so beeindruckend, dass ich beim Dialog mit ihm manchmal gar keine Lust habe, meinen Text aufzusagen, weil nach ihm alles nur schulmädchenhaft und amateurmäßig klingt. Ich lerne vom bloßen Zuschauen, und bin am Ende des Tages nicht selten glücklich, dass mich mein Karriereknick unter diese Leute geschickt hat.

Aber bin ich deswegen schon eine Schauspielerin? Wohl kaum. Ich bin jemand, der so tut, als wäre er eine. Und wunderbarerweise gibt es ein Stück, in dem genau das verlangt ist. Das Stück heißt »Der nackte Wahnsinn«, ist von Michael Frayn, und mein kleiner Rettungsanker Joachim Siebenschuh inszeniert es 1998 in Basel. In dem Theaterstück, in dem es lustigerweise um die Inszenierung eines Theaterstückes geht, spiele ich die Brooke respektive Vicky, die fast das ganze Stück über in Unterwäsche wie bestellt und nicht abgeholt über die Bühne dackelt. Neben der Rolle stehen – das kann ich. Was mir früher gerne zum Vorwurf gemacht wurde, erweist sich jetzt als Vorteil. Niemand kann erkennen, ob ich wirklich so blöd bin oder alle auf der Bühne verarsche. In der Premierenfeier wird eine Zuschauerin den Regisseur fragen: »Jetzt mal unter uns: Ist die wirklich so?«

Und ein Kollege wird mir später erklären, dass ich über eine gewisse ungewollte Komik verfüge. Ich weiß noch nicht wirklich, ob das ein Kompliment ist. Doch am Ende des Abends wird er versuchen, mich schwungvoll an sich heranzuziehen und zu küssen und – weil ich laut auflachen muss – sich dabei einen Zahn abbrechen. Da wird mir endlich klar, was er mit ungewollter Komik meint. Ist ja eigentlich auch nicht so schlecht. Andere müssen sich sonst wie einen abbrechen, um komisch zu sein. Und ich muss das noch nicht mal wollen und bin es trotzdem. Doch werde ich davon leben können?

1998 werde ich vom Theater Gera entlassen. Ich bin ihnen nicht gram.

Zum Ende hin war es auch nicht mehr wirklich meines. Meine letzte Produktion ist die »Rocky Horror Picture Show«, für die sich jetzt auch im braven Gera herumgesprochen hat, dass das Publikum da die Sau rauslassen und Reis oder Klopapierrollen auf die Bühne werfen darf. Abschiedsovationen, die ich mir gerne erspart hätte. Blumen wären mir lieber gewesen.

Meine seelische und finanzielle Rettung heißt »Musical Night«, eine Eventkompanie unter Leitung von Axel Törber, einem Bandleader, der schon mit Bill Ramsey und Mary Roos getourt ist. »Musical Night« zieht in zwei großen Tourneen durch die deutschen Städte, um ein »Best of« der internationalen Musical-Evergreens unter die Leute zu bringen. Axel Törber weiß, dass meine Stimme noch nicht wieder dieselbe ist und vielleicht nie wieder dieselbe sein wird, aber er hat Geduld. Er weiß, dass Technik und Temperament in diesem Geschäft manchmal mehr sind als reiner Klang. Als ich ihn eines Abends bitte, mich nicht mehr einzusetzen, weil ich schon wieder bei irgendeinem »Rachenputzer« (so heißen die großen Schmetternummern unter uns) gepatzt und gekiekst habe, meint er nur: »Du singst das morgen wieder! Ich halte das aus! Wenn ich jetzt nachgebe, kommst du nie wieder.« Das nennt man auch Glück: dass jemand an einen glaubt, wenn man es selber nicht mehr tut!

Nur: Ein Tourneetheater ist kein Festspielhaus mit Kristalllüstern, sondern eine Reisetruppe und muss aus den »Bedingungen vor Ort« das Beste machen. Und so kommt es, dass manchmal in der Conference dem Publikum die »schillernde Welt des Musicals« angekündigt wird, während wir Sänger uns in Ermangelung einer echten Garderobe draußen im Halbdunkel einer Laterne auf dem Parkplatzschotter umziehen müssen. Und zwar in einer Hatz, die ihresgleichen sucht. Mein wunderbarer farbiger Kollege David Thomas (seine Vorfahren stammen aus der Karibik) muss zum Beispiel nach der großtönenden Nummer »Circle of Life« aus dem »König der Löwen« in Windeseile aus seinem afrikanischen Kaftan und den Riemenlatschen fahren, um rechtzeitig nach der Zwischenmusik im Frack und mit mir eingehakt in einer schmissigen Revuereihe (»Sei hier Gast!«) aus »The Beauty and the Beast« zu tanzen. Ich höre ihn raffeln und schnaufen, und er schafft es gerade so zu mir an den Vorhang, als das Vorspiel unserer Nummer beginnt. Doch plötzlich höre ich einen Fluch, ich drehe mich um und sehe im Dunkel nur seine Augen, groß wie Tennisbälle: »O my god, my shoes!« Smoking und Hemd hat er geschafft, aber die Schuhe hat er vergessen. Hinter mir steht ein vollendeter Gentleman. In Jesuslatschen! Das alles wäre schon schlimm, aber diese Nummer ist eine, in der wir unsere Beine im großen Halbkreis herumschmeißen müssen. Ich breche sofort zusammen. David muss mich mehr oder weniger ins Bühnenlicht schleifen, ich bekomme vor lauter Lachen kaum noch Luft zum Singen. Jedes Mal, wenn ich mich wieder halbwegs gefasst habe, muss David seine halbnackten Füße wieder im großen Bogen hochwerfen. Wenigstens hat er schwarze Füße. Sieht ganz hinten bestimmt schon wieder aus wie richtige Schuhe.

Zum Ausgleich für mein albernes Gackern bin ich beim nächstes Mal dran mit der Kostümpanne. Irgendwie habe ich meinen Petticoat nicht richtig festgemacht, und als mein Partner mich bei einer wilden Rock-'n'-Roll-Nummer herumwirbelt, kurz auf den Boden tippen lässt, um mich gleich wieder in die Luft zu heben, bleibt der Petticoat auf dem Boden stehen, und mein Tanzpartner hebt mich schwungvoll im Unterzeug aus dem Rock. Aber hey, die Musik spielt. Also tanze ich im schlaffen Rock weiter, während der Petticoat einsam und ratlos zwischen den Tänzern steht wie ein vergessener Lampenschirm.

Kleiner Tipp! Falls Sie nach einer durchzechten Nacht oder im Drogenrausch mal unsicher sind, ob Sie sich im wirklichen Leben befinden oder in einer Musicalshow: Im wirklichen Leben holen Gentlemen sich ihre vergessenen Schuhe, bevor sie die große Ronde tanzen. Im wirklichen Leben steigen junge Frauen wieder zurück in ihren Petticoat, wenn er ihnen beim Tanzen abhandenkam. Nur auf der Bühne einer Musicalshow geht alles weiter, als wäre nichts passiert. Menschen verlieren Haarteile oder ganze Kleidungsstücke und tun so, als sei alles wie immer! Seien Sie also froh, dass Sie Ihr Leben nicht vor einem Orchestergraben verbringen, wo der Dirigent gnadenlos den Takt weitertreibt.

Am schlimmsten aber sind die Freilichtbühnen. Zwischen ein paar Felsen gebaute Bühnen, hinter denen man im Dunkel schon gleich gar nicht erkennen kann, ob es sich um einen regulären Bühnenzugang oder nur einen Kaninchenpfad handelt. In Bad Bentheim wuchert außerdem noch so viel Gebüsch links und rechts der Bühne, dass ich mich beim Auftritt zu »Don't cry for me Argentina!« völlig verlaufe. Die Streicher streichen schon sehnsuchtsvoll in den offenen Himmel über Bad Bentheim, und ich wühle mich immer noch durch irgendein Gebüsch. Als ich dran bin, springe ich hektisch durch den Liguster und fange an, mit großer »Evita«-Gebärde zu singen. Der Spotscheinwerfer sucht auf der Bühne herum, aber da bin ich nicht. Wie das Suchlicht eines Polizeihubschraubers funzelt er durch die Gegend, denn von irgendwo her muss die Stimme ja kommen! Endlich findet er mich. Ich stehe, zerrupft wie Ronja Räubertochter, irgendwo auf einer Wiese zwanzig Meter abseits der Bühne und bitte Argentinien flehentlich, nicht um mich zu weinen. Die Musik rumpelt vor Schreck, die Bläser können vor Zwerchfellbeben nicht mehr richtig blasen.

Klar bin ich beim nächsten Mal vorsichtiger und bleibe in der Nähe der Bühne, aber diesmal kommen mir die gewaltigen Wurzeln in die Quere, die die Bäume hier mangels Erdreich über die Steine wachsen lassen. Das Ergebnis ist diesmal ein veritabler Bänderriss. Evita wird in dieser Saison fortan in Turnschuhen und mit Krücken auftreten. Sozusagen hohe Gefühle auf flachen Sohlen. There's no business like show-business!

Eine Nacht im Russenpuff

In diesem ramponierten Zustand treffe ich daheim Joachim Siebenschuh, bei dem ich im Frühjahr noch in Basel »Der nackte Wahnsinn« gespielt habe. »Ich hätte eine Rolle für dich, die du zur Not auch hinkend spielen kannst«, meint er, »aber ich weiß gar nicht, ob ich sie dir anbieten soll. Es ist nur eine winzige Nebenrolle.« Allerdings neben der famosen Annekathrin Bürger. Es geht um »Charleys Tante« und ich soll ihre Ziehtochter spielen. Okay, ich bin noch in einem Alter, in dem ich Töchter darstellen kann. Die »falsche« Tante soll ein Schauspieler namens Tom Pauls spielen, ein Name, den ich natürlich längst im Zusammenhang mit dem Dresdner »Zwinger-Trio« gehört habe.

Und ich war sehr gespannt auf ihn. Zur ersten Lesung des Textbuches komme ich etwas zu spät, weil Schienenersatzverkehr war. Ich platze also sehr, sehr freundlich in die Runde, grüße alle mit einem herzlichen »Hallihallo!« und entschuldige mich für meine kleine Verspätung – und was macht dieser Tom Pauls? Dreht mir die ganze Lesung über den Rücken zu! Weil er meinen Auftritt unmöglich fand. Macht mich sogar nach, wie ich alle grüße und mich entschuldige! So nach dem Motto: »Was ist das denn für eine ... na ja, vom Musical ...« Mmmh. Na gut. Man kann ja nichts für seinen ersten Eindruck. Werden wir eben keine Freunde!

Ein paar Tage später ist mir klar: Dieser Tom Pauls ist umwerfend! Ein Erzkomödiant! Wir verstehen uns bestens. Und Tom hat auch bald eine Idee, was wir nach »Charleys Tante« machen sollten. Eine kleine, humoristische Revue namens »Schwarze Augen – Eine Nacht im Russenpuff«. Mit Tom Pauls als russischem Zuhälter. Mit Holger Böhme als Regisseur und Detlef Rothe als musikalischem Begleiter. Und mit mir in sieben – na ja, sagen wir mal – Damenrollen. Eine Superidee! Tom kann seinem Affen richtig Zucker geben als sentimentaler, versoffener Puffbetreiber, und ich kann meine in Dutzenden Musicals erprobte Wandlungsfähigkeit unter Beweis stellen. Als ich allerdings nach der Generalprobe zur Auswertung komme, herrscht allgemeines Schweigen. Ich möchte die gedrückte Stimmung etwas auflockern und frage Bambi, Toms Leib-und-Magen-Techniker, wie er das Stück fand. Bambi ist uns wohlgesonnen, er wird schon ein paar »schöne Stellen« entdeckt haben.

»Ehrlich gesagt«, meint er gedehnt, »ich habe

mich streckenweise sehr gelangweilt.« Sehr gelangweilt, aha. Also nicht nur hier und da ein paar flaue Ecken, sondern richtig schön langweilig. Gemacht von Leuten, die was von Langeweile verstehen.

Das heißt, das Stück, an dem wir uns eben eine Stunde lang abgehampelt haben, zieht ihm zuverlässig die Augen zu. Wahrscheinlich hat er sich mit Schlägen ins Gesicht wach zu halten versucht, um nicht mit schlaffen Wangen auf dem Mischpult einzuschlafen. Wir sind ein bisschen verwirrt, denn auf Bambis Geschmack ist einiges zu halten. Der Mann ist ein Urgestein und war lange Zeit immerhin Technischer Leiter des Dresdner Staatsschauspiels. Tom überlegt eine Weile, wie er sich zu dieser Bewertung verhalten soll, findet dann aber einen Ausweg. »Na ja«, räuspert er sich von jeder Verantwortung frei. »Es ist DEIN Abend, Katrin. Wir unterstützen dich ja nur!« Ich biete Tom an, mich krankschreiben zu lassen, ich bin ja immer noch und grundsätzlich stimmversehrt, kann also jederzeit meinen Stimmversehrtenausweis hochhalten. Aber Tom ist dagegen. Premiere absagen, das geht nicht. Außerdem sei ja bekannt, dass auf eine miese Generalprobe eine fulminante Premiere folge. Altes Theatergesetz! Ich höre ihn später leise beten.

Wir spielen also wie die Teufel, als »Schwarze Augen – eine Nacht im Russenpuff« Premiere hat. Tom improvisiert herrlich und zieht das Publikum auf, aber irgendwie springt der Funke nicht über. »Mit ganz heißer Nadel gestrickt!«, meint ein Kollege danach auf der Premierenfeier, und als ich was dazu sagen will, unterbricht er mich noch einmal: »Mit ganz, ganz heißer Nadel gestrickt.« Ich sage lieber nichts mehr. Am nächsten Morgen will ich gar nicht die Zeitungen auseinanderfalten. Wahrscheinlich werden wir darin nach Strich und Faden zusammengefaltet! Aber nein. Die Presse ist eher moderat, wenn auch nicht euphorisch. Wir beschließen, zur zweiten Vorstellung noch schnell das eine oder andere zu ändern, aber diesmal versauen wir es wirklich. Die zweite Vorstellung wird ein UHU. Eine Vorstellung »unter hundert« Zuschauern. Unten im Dunkel des Zuschauerraums bleibt es quälend ruhig. Einmal glaube ich so etwas wie einen Lacher zu hören, aber es war dann doch nur ein Niesen. Am Ende gibt es einen kurzen Applaus, aber es ist nicht ganz klar, ob das Klatschgeräusch nicht doch eher von den vielen Schulterklopfern rührt, mit dem die Frauen ihre Männer wecken. Still geht das Publikum auseinander.

Niemand hätte damals auch nur einen Cent auf dieses Stück gewettet! Aber Totgesagte leben länger! »Schwarze Augen – Eine Nacht im Russenpuff« läuft jetzt schon siebzehn Jahre, wahrscheinlich, weil es wirklich ein bisschen improvisiert und auch ein bisschen »albern« ist und der Mensch ab und zu so etwas braucht. Aber vor allem läuft »Schwarze Augen«, weil wir mit der heißen Nadel unverdrossen weitergestrickt haben. Tom fummelt noch ein paar Sketche dazu, ich verulke ein paar Evergreens, und schon hat das verfluchte Ding ein paar Löcher weniger. Eigentlich kann man sich »Schwarze Augen« jedes Jahr neu ansehen, weil immer noch was dazukommt.

Das Entscheidene für mich an diesem Stück ist aber, dass ich hier das erste Mal ganz bewusst als Rolle das bin, was ich fortan sein werde. Eine Femme fatale, aber leicht neben der Spur.

Und etwas hysterisch. Etwas.

Natürlich nur, wenn es der Anlass hergibt.

Zum Beispiel bei Staus. Ich verstehe gar nicht, wie man Staus HINNEHMEN!!! kann. Es gibt ja diese völlig abgestumpften, gegenüber Zeit und Verantwortung völlig unsensiblen Menschen, die dann den Sitz zurückschieben, sich eins pfeifen und ein bisschen übers Feld gucken und das, obwohl STAU!!!!!! ist. So bin ich nicht. Ich reagiere angemessen klaustrophobisch. STAU ist bei mir nur ein anderes Wort für PANIK.

So auch, als ich mit Matthias zur Vorstellung von »Schwarze Augen« von Leipzig nach Weinböhla fahren will. Eigentlich keine Strecke. Doch schon nach fünf Kilometern blinken uns die Warnleuchten der vorausfahrenden Fahrzeuge an. Ich beginne sofort mit meinen Atemübungen! Mache also ganz konzentriert auf Entspannung mit allerlei »Huuuu!« und »Fffffff!«. Das hilft normalerweise ein bisschen. Doch als ich nach zehn Minuten sehe, wie vor uns Leute aus den Autos aussteigen, verwandelt sich mein bewusst meditatives Durch-die-Nase-Luft-Holen in Schnappatmung! Die können doch nicht aussteigen! Wo es jeden Moment weitergehen kann! Soll das etwa heißen, dass hier auf lange Sicht alles steht? O mein Gott, ich muss mich ablenken! Ich krame den Autoatlas hervor, um alle Umgehungsrouten von hier bis Bautzen zu ventilieren. Ich frage Matthias, warum wir nicht über Grimma, über Oschatz oder über Berlin nach Weinböhla gefahren sind. Ich verfluche den fehlenden dreispurigen Ausbau der A 14. Ich verfluche den Transitverkehr. Ich verfluche die Leitplanken auf dem Mittelstreifen der Autobahn, die ein Wenden unmöglich machen. Ich frage, warum heute eigentlich jeder ein Auto haben will. Ich behaupte, dass es früher auch ohne Auto ging und dass wir alle glücklicher waren. Ich weise Matthias darauf hin, dass es in der Spur neben uns voranzugehen scheint. Als er hinüberwechselt und plötzlich unsere alte Spur an uns vorüberrollt, fordere ich ihn auf, mir nicht immer so sklavisch zu gehorchen, sondern auch mal selber zu entscheiden! Ich beginne, das Auto aufzuräumen. Mir fällt auf, dass Matthias' Haare heute nicht richtig liegen. Mir fällt auf, dass mein rechter und mein linker Ringfinger unterschiedlich lang sind. Ich frage

Matthias, ob das was Krankhaftes sein könnte. So vergehen Stunden, während deren Matthias ungerührt langsam mit dem Auto voranruckelt, schließlich von der Autobahn abfährt – wie alle! – und irgendeine dann natürlich ebenfalls verstopfte Landstraße entlangzuckelt. Als sich abzeichnet, dass wir es doch noch zur Vorstellung schaffen könnten, wage ich es, meine Gedanken auf die Vorstellung auszurichten, und beschließe, der Maskenbildnerin schon etwas Arbeit abzunehmen. Ich fingere nervös mein Schminktäschchen hervor und beginne, mein Gesicht zu pinseln, nur mit diesem winzigen Spiegel zur Kontrolle. Was ich in meiner panischen Flatterhaftigkeit nicht mitbekomme, ist, dass ich nur Camouflage auftrage, eine Art hellbeige Abtönpaste, mit der man eigentlich nur Pickel abdeckt. Als der Wagen zum gefühlt tausendsten Mal zum Stehen kommt, und ich mir fast den Pinsel in die Nase gestochen hätte, schreie ich auf, blicke Matthias erregt an und rufe mit großer divenhafter Bekennergeste: »Wie ich hier die Nerven bewahre ...!«

Ebenso gut hätte Harald Juhnke seinerzeit lallen können: »Wie ich hier dauernd nüchtern bleibe ...!« Aber ich sehe schon an Matthias' entsetztem Gesicht, dass er nicht nur über diese irre Selbsteinschätzung erschrocken ist. Ein schneller Kontrollblick in den Rückspiegel zeigt mir, dass ich mich mit der ungeeigneten Abtönpaste wie eine wahnsinnige Geisha oder zu einem leberkranken Clown geschminkt habe. Mein Gesicht sieht aus wie Teig mit Augen! Ich sehe wieder zu Matthias, der weiß, was jetzt von ihm gefordert ist: Nicht, niemals und unter keinen Umständen loszulachen! Ich sehe das Weiße in seinen Fingern, die sich um das Lenkrad krallen. Ich sehe die zusammengekniffenen Knie, die eingezogenen Wangen (wahrscheinlich beißt er sich auf die Zunge) und den starren Blick geradeaus. Ich kann sehen, wie er an Beerdigungen, Bürgerkriege, Katastrophen denkt, um nicht zu lachen. Aber ewig wird er sich angesichts der elfenbeinfarben geschminkten »Nervenbewahrerin« neben ihm das Lachen nicht verkneifen können. Ich muss ihn erlösen, sonst platzt ihm noch eine Ader. Also lasse ich ein kleines verdutztes Glückslachen aus meinem Hals hervorplatzen, als gnädige Erlaubnis, dass er jetzt auch losprusten darf.

Aber nur, weil er sich erst mal zusammengerissen hat. Sonst gäbe es das nicht!

Wir kommen noch rechtzeitig nach Weinböhla, und ich kann mein bleiches Antlitz vor der Vorstellung renovieren. Aber noch mal passiert mir so was nicht. Seitdem setze ich mich nur noch vorgrundiert ins Auto. Es ist ebenso immer besser, vorgrundiert aus dem Haus zu gehen. Man kann ja auch mal einen Unfall haben, und ich möchte keinesfalls ohne ausreichende Grundierung durch einen »Brisant«-Beitrag geschoben werden!

»Hammor nich'n scheen' Beruf?«

Eines Tages trifft Tom Pauls auf Bernd-Lutz Lange, den legendären Mitbegründer des Kabaretts »academixer«, der gerade für den MDR an einer Sketch-Serie mit dem Titel »Leute gibt's« mitschreibt. Man sucht noch eine Frau, die ein bisschen komisch und ein bisschen erotisch ist. Tom Pauls' Antwort hat nur zwei Worte, aber ich persönlich finde sie ausreichend. Denn das erste Wort ist »Katrin« und das zweite »Weber«. Den Namen hätte er noch nie gehört, sagt Bernd-Lutz, und selbst wenn, hätte er ihn sich wohl nicht merken können. Alle heißen doch Katrin Weber.

Aber er wird sich wundern. Schon beim ersten Händeschütteln müssen wir grinsen und Bernd-Lutz muss lernen, was alle lernen mussten, nämlich, dass eine komische Diva nicht nur komisch ist, wenn der Regisseur »Bitte!« sagt, sondern durchgehend, selbst wenn sie wütend ist. Vierundzwanzig Stunden am Tag, sieben Tage in der Woche. Hinzu kommt, dass die Arbeitsbedingungen beim Fernsehen andere sind als beim Theater. Bei einem Sketch, in dem ich eine Dame auf Partnersuche bin, sitzen Bernd-Lutz und ich im Café und stoßen mit echtem Prosecco an. Das ist ja nun fahrlässig. Ich mit meiner Sensibilität gegenüber Alkohol, die ich schon beschwipst bin, wenn ich nur an einem Rumtöpfchen vorbeigehe! Natürlich ist der Regisseur mit der ersten Variante nicht zufrieden. Also wird alles wieder auf Anfang gesetzt und die Gläser nachgefüllt. Mit der zweiten Variante ist er natürlich auch nicht zufrieden. Auch mit der dritten nicht. Mal gibt es ein Problemchen mit dem Ton. Oder es fällt ein Schatten falsch. Oder draußen hupt ein Auto. Oder jemand lief durchs Bild. Sie brauchen die Wiederholungen nicht mitzuzählen. Wichtig ist nur, dass Sie wissen, dass jedes Mal der Prosecco wieder bis zum Rand aufgefüllt wird. Und dass es warm ist. Sehr warm. Ist ja Sommer. Hitze und Alkohol, das wirkt bei mir wie, nun ja, Hitze und Alkohol. Ich benetze wirklich nur meine Lippen mit dem Prosecco, aber spätestens ab dem dritten und vierten »Prösterchen« merke ich, wie eine gewisse spitze Heiterkeit in mir aufsteigt, die sich auf den Bärn-Luss Lange vor mir konzentrifiziert. ... diesor ausgefuxde Profi-Kabbarettizist illert nämlich dauorn undor seine Serfiette, wo sooooon Zseddelchen mit dem sein Text iss. Könnsch mich bepullorn, Brosd! Ping stoßen unsere Gläser zusammen! Oh, jetz is was übergeschwappt ... hihihi ...

»So, wir machen jetzt eine Pause! Geben Sie der Frau Weber mal einen Kaffee!«, unterbricht der Regisseur. Was hatt er denn nur? Darf ein Mensch denn nicht mal mehr überschwappen? Außerdem hat der Bärn-Luss Lange als Erster angefangen zu lachen.

Na gut, ist ja klar, niemand will Sketche sehen, in denen die Protagonisten schon anfangen, sich unter Kichern zu krümmen wenn sie sich nur sehen, und vor Lachanfällen ihren Text nicht mehr rausbringen. Der Zweck eines lustigen Sketches ist die Erheiterung des Zuschauers und nicht die des Kabarettisten! Aber nach einem halben Dutzend Drehtagen mit mir hat sich das erprobte Team der Humorarbeiter in eine Bande alberner Schuljungen verwandelt. Zu meiner Überraschung funktioniert dieser Effekt sogar, wenn ich gar nicht mitspiele. In einer Einstellung sitzt nämlich schon vorsichtshalber die Regieassistentin dem Bernd-Lutz gegenüber, während dieser seinen Text sprechen muss. Aber es hilft nichts. Die bloße Vorstellung, dass ich da sitzen könnte, prustet ihm schon aus der Nase heraus. Der Regisseur dreht sich dann auch zu mir um, die ich, wenn auch grinsend, aber völlig unbeteiligt im hintersten Teil des Raumes stehe.

»So! Katrin Weber verlässt jetzt bitte mal das Set!«

Ich glaube, ich höre nicht richtig, aber der Regisseur weist mit der Hand vor die Tür. Es hat sich nichts, aber auch gar nichts geändert in den letzten dreißig Jahren! Andere lachen und ICH werde verbannt! Ich warte nur noch drauf, dass er sich mein Muttiheft geben lässt und mit hassverzerrten Kulikrakeln hineinschreibt: »Katrin störte heute die Fernsehaufzeichnung von ›Leute gibt's!‹ des Mitteldeutschen Rundfunks.« Also gehe ich beleidigt nach draußen und harre dort der Dinge. Eine erwachsene Frau – vor die Tür gestellt.

Bernd-Lutz, der sich mittlerweile meinen Namen gemerkt hat, sieht das naturgemäß anders als die Regisseure, die immer nur fertig werden und ihre Einstellungen im Kasten haben wollen.

Wenn er schon lachen muss, bloß, weil ich irgendwo rumstehe, wie würde es dann erst den Zuschauern im »academixer«-Keller gehen?

»Pass mal auf, Katrin«, sagt er, »Wir müssen mal was zusammen machen!«

Wir müssen mal was zusammen machen. Das sagt im Showbusiness quasi jeder, der mal mit dir nach einem erfolgreichen Abend in der Kantine sitzt. Das heißt oft gar nichts – oder was ganz anderes! Aber Bernd-Lutz ist eine seltene Mischung aus Witz und Ernsthaftigkeit, und deswegen heißt das bei ihm: Ich schreibe uns mal ein Programm. Und weil Bernd-Lutz auch noch treu und redlich ist, schreibt er das Programm erst 2004, weil er bis dahin noch mit Gunter Böhnke Spaß machen will und es so verabredet hat.

Das Programm, mit dem Bernd-Lutz Lange und ich schließlich auftreten, heißt »Das wird nie was!« und hat ein paar prächtige Nummern wie zum Beispiel die Dalida-Parodie »Er war gerade achtzig Jahr« und das Dresden-Lied (»Ich merk zu spät, ich bin im Westen und nicht in Dresden!«), aber neben vielen anderen auch einen Sketch, in dem es – eingedenk der oben gemachten Erfahrungen mit dem Prosecco – gleich gar nichts mehr zu trinken gibt. Wir spielen ein älteres Ehepaar in einem Café, essen Apfelkuchen und trinken dazu schlückchenweise den nicht vorhandenen Kaffee. Nicht vorhandenen Kaffee schlückchenweise zu trinken ist in etwa das Komplizierteste, was es gibt. Keinesfalls darf man dabei schlückchenweise Luft einschlürfen, so wie ich es mache. Denn nach zwei Dutzend Mal Trinken hat man vierundzwanzig Schlückchen Luft im Bauch. Und ich kann Ihnen sagen: Luft findet ihren Weg. In der Szene muss ich mitten in der großen Ehe-Langeweile einen Anruf auf meinem Handy entgegennehmen. Ich krame also das Handy raus und hebe an, um sehr aufgeräumt »Ach, Sabine!« zu sagen. Für die vierundzwanzig Schlückchen Luft in meinem Bauch ist das Formulieren der Lautfolge »Ach, Sabine!« aber etwa so, als würde jemand mit einem

Mal die Magenpforte öffnen und »Alle raus hier!« brüllen.

Stellen Sie sich einfach vor, Sie sitzen in einem kleinen, gemütlichen Café, und am Tisch neben Ihnen sitzt eine Dame, die nach ein paar Minütchen Stille sehr graziös mit ihren perfekt manikürten Fingern ihr Handy rausholt und dann so herzhaft hineinrülpst wie unser seliger Luther nach einem Kessel Erbsenspeck.

Das Nächste, was ich sehe, ist, wie sich Bernd-Lutz die Brille putzt. Und das will was heißen, wenn dem Bernd-Lutz die Augen feucht werden. Das ist wie ein Tusch und eine Auszeichnung zugleich! Und ich denke, ach, ist das schön, jetzt machste die Menschen endlich mal glücklich mit deinen Ungeschicklichkeiten!

Weil es so schön ist und wir so viel Erfolg damit haben und wir außerdem entdecken, dass wir beide so ein bisschen aus derselben Ecke kommen – Bernd-Lutz aus Zwickau und ich aus Plauen –, machen wir noch ein zweites Programm »Weber – Lange – ganz persönlich« mit mehr privaten Erinnerungen. Fünf Jahre sind wir damit unterwegs. Fünf Jahre, in denen Bernd-Lutz mir immer wieder mal den typischen Gesinnungswandel eines echten, altgedienten Humorarbeiters vorführt, wenn er vor der Vorstellung ins Auto späht und seufzt: »Och, isch hab heut mal keeene Lust!«, um sich nach der Vorstellung quietschvergnügt im Auto nach mir umzudrehen und festzustellen: »Hammor nich'n scheen' Beruf, Katrin?«

Aber irgendwann kommt der Tag, an dem Bernd-Lutz möchte, dass ich den scheen' Beruf allein ausübe. Er sagt: »Jetzt machste mal ein eigenes Programm.« Das ist ein ganz befremdlicher Gedanke. Ich bin eine Mitspielerin. Ich brauche immer eine helfende Hand, jemanden, der mir den Einsatz vorgibt. Oder mir auch mal über eine Lücke hilft. Bernd-Lutz war mein Stab, mein Stecken oder – um es in den Worten der kleinen Katrin im heimischen Siedlungsgarten auszudrücken – mein Zaun. Bernd-Lutz ist ja vom Charakter her eher so ein Swingmusiker und ein Meister der Improvisation. Niemand konnte so lässig über meine Fehler hinweggehen. Warum tut er das? Das ist ja fast so wie am Wegesrand sitzen bleiben und mit schwacher Stimme rufen: »Lass mich! Du musst jetzt allein weitergehen!«

Schon bei »Das wird nie was!« hatte er solche Ideen. Da sollte ich selbst eine Büttenrede schreiben. Ich und schreiben. Als Sängerin nimmt man ein Blatt zur Hand, schaut sich Text und Noten an, rümpft die Sängerinnennase und denkt sich, na ja, mal sehen. Man ist nicht schuld. Wenn es beim Publikum nicht ankommt, war es das doofe Lied von diesem doofen Komponisten. Und wenn es ein Kracher wird, dann heftet man sich das selbst ans Revers. Eine tolle Interpretation. Wie ich aus diesem banalen Schlager den Hit herausgesungen habe. Aber wenn man Selbstgeschriebenes vorträgt, dann gibt es keine Ausreden mehr. Sehr unkomfortabel.

»Mach dich nicht verrückt«, sagt Bernd-Lutz. »Du nimmst einfach ein paar tolle Gesangsnummern und baust eine kleine Rahmenhandlung dazu.«

Also nehme ich ein paar Songs, von denen ich weiß, dass sie mir wie angegossen sitzen, und bitte Heiko Lippmann, mich bei Bedarf zu begleiten. Das Programm heißt »Solo«, denn nun bin ich ja das erste Mal in meinem Leben Alleindarstellerin.

Nicht, dass ich damit schon auf große Tournee gehen würde, aber wenigstens habe ich jetzt ein kleines Programm für kleine Anlässe. Falls mal einer fragt, sozusagen. Und es fragt jemand.

Franziska Ploetz, die Tochter meiner ehemaligen Gesangslehrerin Elisabeth Wilke, die das Gerhart-Hauptmann-Haus auf Hiddensee leitet, lädt mich ein. Da stehe ich dann mit ziemlich kalten Füßen, denn auf Hiddensee kurt ja die Crème de la Crème der Kulturszene. Aber dann! Alles tobt! Die Zuschauer sind völlig aus dem Gerhart-Hauptmann-Häuschen! Rasender Applaus! Nur eine Frau ganz vorn im Publikum bleibt ernst. Vielleicht war sie aber auch gerade bei einer Botox-Behandlung und konnte sich nur nach innen freuen!

Unter den Gästen sind auch Christian Becher vom »academixer« und Arnulf Eichhorn, der Chef der Leipziger Lachmesse. Christian Becher meint: »Das musst du unbedingt in Leipzig aufführen!« Kabarett gäbe es ja massig in Leipzig, »aber diese Mischung, die du machst, eben noch nicht«.

Und so gerät mein erstes kleines »Solo«-Programm auf eine Art kabarettistisches Förderband. Christian Becher meint nur trocken: »Ich mach dir mal paar Termine im ›academixer‹-Keller.« Und Arnulf Eichhorn, der damalige Chef der »Lachmesse« sagt: »Ich trage dich mit deinem Programm für die diesjährige Lachmesse ein, okay?« Ich kann immer nur nicken und den Kalender zücken. Später, während der »Lachmesse«, kommt er noch mal und sagt: »Du bist übrigens nominiert für den Thüringer Kleinkunstpreis! Musste jetzt aber auch hinfahren!«

Ich fahre hin, und ich bekomme ihn auch noch. So nominiert und prämiert kann ich das Gefühl nun doch nicht mehr verdrängen, dass ich damit aufrechten Hauptes herumtingeln kann! Und ich stehe da und denke: Das ist doch der Wahnsinn! Früher, als ich mich sonst wo beworben habe und vorsingen fuhr, wollte mich kein Mensch, und jetzt, wo ich mit nichts als meiner ungewollten Komik auf der Bühne stehe, reißt sich die halbe Welt um mich! Gut, dass ich aufgegeben habe, mich zu bewerben! Nachher hätte mich doch noch einer genommen, und dann wäre ich niemals die Katrin Weber geworden, sondern nur eine wunderliche Alte! Das soll mein Rat für die von den ganzen Castingshows verunsicherte Jugend sein! Seid nicht traurig, wenn ihr mal irgendwo abgelehnt werdet! Vielleicht will euch das Schicksal nur für etwas noch viel, viel Schöneres aufbewahren!

Aber um mit meinem »Solo«-Programm auftreten zu können, muss ich Heiko Lippmann ersetzen, der längst nach Hamburg in die große weite Musicalwelt gegangen ist, und für mich nur noch in Ausnahmefällen zur Verfügung stehen kann. Im »academixer«-Keller spielt das Rainer-Vothel-Trio, dem der Namenspatron am Piano vorsitzt. Den frage ich mal. Wir haben noch keine fünfzehn Minuten miteinander geprobt, als ich schon weiß, wie meine Rahmenhandlung fortan aussehen wird. Schon wie der Rainer Vothel dasitzt. Wie er unerschütterlich seine Noten herunterspielt. Während ich hier vorn nervös im Bühnenlicht agiere. Das Phlegma trifft auf die Neurose. Was für ein komödiantischer Glücksfall! Von nun an wird mein persönlicher Chansonabend darin bestehen, dass ich Rainer Vothel unentwegt wegen seines stoischen Künstlertums aufziehe und belehre in der Art, er denke wohl, er sei Wunder was für ein Kompositeur! Träumt von minimalistischer Experimental-Pianistik! »Goldenes Herbstblatt / Im Frühling / Fallend!« Ich spotte, was das

Zeug hält. Der Rainer erträgt es wie ein Mann, und ich denke manchmal, wie gut das tut. Vielleicht sollte man hin und wieder Männer dafür buchen, dass man sie in aller Öffentlichkeit ungestört herunterputzen kann. Aber das gibt es ja schon: Es heißt Ehe!

Mein zweites Solo beim Fernsehen wartet auf mich am Set der MDR-Sketch-Serie »Bis der Arzt kommt«. Und mal wieder in einer sehr typischen Situation. Zwar muss ich nicht das Set verlassen, aber ich habe während des Drehs auf Befehl des Kameramanns an seiner Seite Platz zu nehmen, weil ich wieder mal alle abgelenkt haben soll. Als wenn alle Menschen Weberknechte wären und keinen eigenen Willen hätten. Die müssen doch nicht lachen, oder? Dort findet mich Martina Körbler, die MDR-Redakteurin aus der Abteilung journalistische Unterhaltung, der ich so viel verdanke, dass ich diesem Buch ein extra Heft beilegen müsste, und fragt mich, ob ich nicht Lust hätte, mal einen ganzen Abend, den »Langen Samstag« oder die »Hits mit Witz« zu moderieren. »Allein?«, frage ich. »Nein«, meint Martina lächelnd, »natürlich nicht allein.« Ich will schon erleichtert ausatmen, als sie fortfährt: »Du sollst in einer Doppelrolle auftreten.« Einmal als Katrin Weber, die bekannte Entertainerin, und einmal als Denise, die strähnchenblondierte Tussi aus der Garderobe, die unentwegt Kaugummi katscht, alles besser weiß und Katrin Weber einfach nur von gestern findet.

Na, das ist doch mal ein Angebot!

Ich finde mich ja sowieso von morgens bis abends peinlich, das brauch ich nicht zu spielen. Sagen wir mal so: Mit Denise, also mit mir selbst in einer Doppelrolle, bekommen meine Selbstzweifel endlich einen Namen. Meine Denise erinnert mich außerdem stark an die Doppelbesetzungen meiner frühen Jahre, als immer noch jemand dazugebucht wurde, falls ich mal wieder irgendwo herunterfalle oder anderweitig ausfalle.

Die Kleine ist nämlich der Auffassung, dass SIE demnächst der wahre Star des Abends sein wird, weil sie dem Produktionsleiter schöne Augen gemacht hat. Denise ist eher so die »Tschitschibum tschitschitbum – alles dreht sich nach mir um!«. Der Produktionsleiter hat ihr auch schon angedeutet, dass er große Dinge mit ihr vorhat. Alles klar. Meine liebe Denise! Lass dir raten! Sex ist eine scharfe Waffe, die sofort stumpf wird, wenn man sie einsetzt. Und so blieb sie auch nicht lange auf der Bildfläche.

Aber Denise hat unter den Zuschauern einen Fan, den ich noch nicht kenn'. Der greift eines Tages zum Telefon, und schon habe ich eine Nachricht auf meinem Anrufbeantworter. Ein Musiker aus Leipzig, dessen Namen ich leider nicht verstehen kann, bittet um Rückruf. Er hätte da so ein paar Ideen zu Songs und vielleicht könne man ja zusammen ... und er duzt mich auch gleich mal, weil wir ja ungefähr ein Alter hätten. Mmmh. Das ist mir ja einer. Was mache ich denn mit dem? Ich bekomme ja hin und wieder Noten und Songs zugeschickt. Aber das ist immer schwierig für so einen komplizierten und im Grunde seines Herzens scheuen Menschen wie mich. Erst mal muss man sich mit ihm treffen, und dann ist er vielleicht ein unsympathischer Kettenraucher mit einem nikotingelben Oberlippenbart oder schlimmer noch, vielleicht ist er sympathisch, aber die Lieder sind nicht so doll, also eher schlecht bis grauenhaft. Und dann muss man dem irgendwie absagen, und seine Worte wählen, und Worte wählen, da bin ich nicht so gut drin, wenn ich ehrlich sein soll. Womöglich wähle ich dann die falschen Worte, und er springt auf, rafft sein Notenbündel, sein Lebenswerk, und rennt raus und erzählt allen, was für eine blöde Kuh ich bin.

Also, was mache ich? Ich ignoriere die Nachricht. Ich ignoriere sie, und wenn die Nachricht alt und kalt geworden ist, dann lösche ich sie. Versehentlich natürlich.

Das alles beichte ich Rainer Vothel auf der Autofahrt zu einem unserer gemeinsamen Auftritte. Aber Rainer Vothel wird plötzlich hellhörig. Ich solle doch mal zurückrufen und wenigstens herausfinden, wer das ist. Er lässt nicht locker aus reiner Neugier. Rainer will nämlich wissen, ob er den Musiker kennt, weil sich Musiker aus Leipzig ja alle untereinander kennen müssen. Na klar! Weil der Herr Vothel seinen Bekanntenkreis testen will, soll ich mich jetzt dem Mann offenbaren, der mich sofort duzt?! Wer weiß, was das für ein Typ ist? Aber meinetwegen, ich mach das, damit Rainer endlich Ruhe gibt.

Ich rufe also vorsichtig zurück, und höre am anderen Ende eine aufgeräumte Stimme, die meint, der Tobias Künzel von den PRINZEN zu sein. Wie bitte? ... ach, sooo ..., stammel ich, na, das tut mir ja jetzt leid ... ich hatte ja keine Ahnung, dass DUUUU ... wenn ich gewusst hätte, dass DUUUU ... ich hätte ja sofort zurückgerufen ... der Tobias Künzel von den PRINZEN, wie schön, dass wir mal miteinander sprechen!

Wir verabreden uns und schon vier Jahre später haben wir zusammen eine CD produziert mit dem niedlichen Titel »Ich würd dich gerne wieder siezen!«.

Warum so spät? Weil niemand uns einen Termin gesetzt hat. Ohne Termine aber ziehen sich die Dinge. Wenn Sie sich fragen, warum dies oder das in Ihrem Leben noch nicht passiert ist, dann sage ich Ihnen, warum. Sie hatten einfach keinen Termin!

Also, wer den Franz-Grothe-Preis bekommen, die besten Komödianten Sachsens zum Lachen gebracht hat, mit einem Soloprogramm (sind mittlerweile schon drei) tourt und eine eigene CD auf dem Tisch liegen hat, den kann wohl niemand mehr aufhalten.

Doch.

Es gibt eine einzige Person, die das kann.

Es ist diese Frau, die so stolz war, als ihr bei einem VIP-Empfang alle hinterhersahen.

(Es stellte sich heraus, dass sie vergessen hatte, das Preisschild von ihrer Jacke abzureißen.)

Es ist die Frau, von der das Publikum zu Beginn der Vorstellung die hektischen Worte »Scheiße, Scheiße, Sch...« über die Tonanlage hörte, weil sie den Auftritt verpasst hatte, aber das Mikro schon an war.

Es ist die Frau, die erhobenen Hauptes bei der Eröffnung des Chemnitzer Opernhauses galant über den roten Teppich schritt. (Während ihr Strumpfbein eine handbreite Laufmasche hatte.)

Es ist die Dame, die bei einem Treffen mit Gunther Emmerlich einen seiner Bekannten mit den Worten anquatschte: »Wir haben doch auch schon mal was zusammen gemacht, oder? Waren Sie nicht bei der Requisite?« (Es war der neue Fernsehdirektor.)

Es ist diese Person, die von außen an der Glasscheibe des Konferenzzimmers der MDR-Unterhaltungsredaktion Plattnasen und Quetschgrimassen machte, weil sie drinnen einen Bekannten entdeckte, der so ernst und geschäftsmäßig rumsaß. (Es war gerade Leitungssitzung mit dem Chef der Fernsehunterhaltung.)

Es ist die Frau, die auf Zehenspitzen nach Hause kommt. (Nicht, weil sie leise sein will, sondern weil sie unterwegs beide [!] Absätze verloren hat.)

Das bin ich. Katrin Weber.

Sie müssen sich meinen Namen nicht merken. Sie kriegen schon mit, wenn ich in der Nähe bin.

Nachwort

Ehrlich gesagt, hatte ich – wie die meisten Männer – ein bisschen Angst vor Katrin Weber. Vor allem wegen ihres Lachens. Das ist ein Lachen, mein lieber Mann, damit kann man Rohre entkalken. Und sie weiß das. Man merkt das daran, wie sie sich bemüht, ihr Lachen wieder einigermaßen in den Griff zu bekommen, bevor sie allen Anwesenden die Locken aus der Frisur gelacht hat. Sie schnauft dann noch eine Weile vor sich hin, und man sitzt da und denkt so halb beängstigt, halb amüsiert, hoffentlich geht das jetzt nicht noch mal los. Und dann geht es noch mal los, dieses ansteckende, ungewaschene, ehrliche Lachen. Es hat schon viel Schaden bei Theaterproben und Dreharbeiten angerichtet. Sie lasen davon.

Katrin Weber kommt aus dem Vogtland, wo eine ruppige Ehrlichkeit zu Hause ist. Das waren arme Leute dort früher, und die waren oft zu schwach, um sich Artigkeiten auszudenken. Ehrlichkeit ist ja immer etwas direkt, aber diese raue vogtländische Ehrlichkeit hat etwas, an der zartere Naturen wie, ich sage mal, Oberbayern oder Ostfriesen, zugrunde gehen würden. Insofern ist Katrin gar nicht so sozial unbeholfen, wie sie sich immer dünkt. Sie ist einfach vogtländisch direkt, und in ihren Augen steht die Botschaft: »Nun, nehmt euch mal alle nicht so ernst! Ich nehme mich ja schließlich auch nicht ernst!« Ohne diese Haltung wäre sie wahrscheinlich auch schon trübsinnig geworden, denn Katrin hat in ihrem Leben wahre Lawinen an Pannen losgetreten, und es gibt kaum eine Situation, die in ihrer Gegenwart nicht in etwas furchtbar Peinliches und zugleich göttlich Komisches umgeschlagen wäre. Der Witz an diesen Pannen ist, dass sie fast immer dadurch entstanden, dass Katrin sie sorgsam vermeiden wollte. Diese feine, beständige und natürlich auch neurotische Achtung auf ihre Außenwirkung hat ihr denn auch diese von unabhängigen Jurys bestätigte »Vorkriegseleganz« eingebracht, und tatsächlich hat sie einen UFA-Charme, für den sie unter Artenschutz gestellt werden sollte. Sie scheint aus einer Zeit zu stammen, als Frauen schon Selbstbewusstsein hatten, aber noch Manieren. Es ist ein Charme, dem man nicht erliegt, sondern vor dem man auf die Fresse fliegt, wie mehrere Vertreter meines Geschlechtes ungern, aber dann doch bestätigen werden. Aber diese Aufmerksamkeit, die sie zu einer divenhaften Erscheinung macht, gilt Gott sei Dank nicht nur ihr selbst, sie gilt auch anderen. Anders ist es nicht zu erklären, weshalb diese Frau eine so unglaubliche Parodistin ist. Sie können sich als Faustregel merken: Wenn Katrin Weber Sie nicht nachmachen kann, existieren Sie wahrscheinlich nicht! Und ihre stupende Fähigkeit zur Parodie, gepaart mit einer blitzschnell umschaltenden Wandlungsfähigkeit, macht sie als Diva erst erträglich. Denn Hand aufs Herz, mit wem würden Sie lieber ausgehen? Mit Mireille Matthieu (gut, in den Siebzigern hätte die Frage irgendwie mehr Sinn gemacht) oder einer Frau, die bei Bedarf mal kurz ein paar Minuten so sein kann wie Mireille Matthieu?

Wenn man länger und genauer hinguckt, kann man manchmal sehen, wo das alles herkommt. Irgendwo tief in ihr – würde ich sagen, wenn ich Peter Maffay wäre – ist sie nämlich immer noch die Webse, der klaane schwarze Deifl. Mit kindlichem Spaß am Herumkrakeelen, Augenrollen und Backenaufblasen. Ihr Geheimnis ist, dass sie eben nichts davon verloren und vieles dazugewonnen hat. Wir Normalsterblichen können oft nur eines davon. Deswegen gehört Katrin Weber zu den bedeutenden sächsischen Sehenswürdigkeiten, und jetzt, wo Sie, liebe Leserin und lieber Leser, wissen, wie sie dazu wurde, sollten Sie sich die Dame mal in echt angucken. Ich versprechen es Ihnen: Sie werden lachen!

Ihr Stefan Schwarz

Inhalt

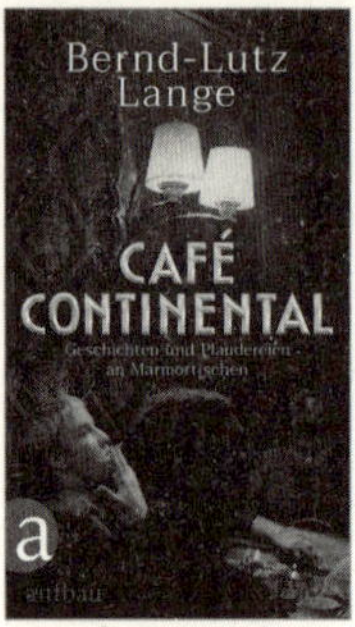

Bernd-Lutz Lange
Café Continental
Geschichten und Plaudereien an Marmortischen
395 Seiten. Gebunden mit Schutzumschlag
ISBN 978-3-351-04215-8
Auch als E-Book lieferbar

Atmosphärisch dichte Erzählungen

Das »Café Continental« ist der große Treffpunkt dieser Stadt. Jung und Alt kommen hier zusammen, Einheimische und Fremde, Eilige und Leute, die den halben Tag am Kaffeehaus-Tisch verbringen. Für Richard Dumont, eben noch Student, tut sich eine ganze Welt auf. Mit den Freunden am Malerstammtisch diskutiert er leidenschaftlich über die wechselnden politischen Großwetterlagen, über geheimste Neuigkeiten und allerprivateste Liebesangelegenheiten. Der Pianist Ferdinand Barnowsky nimmt ihn mit auf eine Reise in die goldenen Jahre des Berliner Kabaretts der zwanziger Jahre, ins Romanische Café und zur Premiere der Dreigroschenoper.

Bernd-Lutz Lange hat in diesem Kaffeehaus einen literarischen Ort gefunden, mit dem er in Geschichten eigentlich die Geschichte dieses Landes ab Mitte der sechziger Jahre bis heute erzählt – und nicht zuletzt vielleicht auch die eigene.

Regelmäßige Informationen erhalten Sie über unseren Newsletter.
Jetzt anmelden unter: www.aufbau-verlage.de/newsletter

aufbau

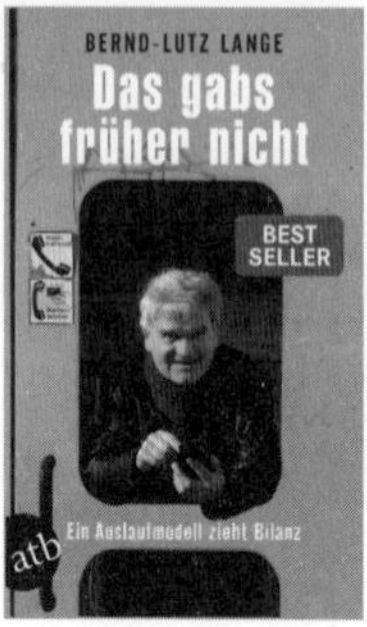

Bernd-Lutz Lange
Das gabs früher nicht
Ein Auslaufmodell zieht Bilanz
349 Seiten. Broschur
ISBN 978-3-7466-3412-8
Auch als E-Book lieferbar

Von der nahen Vergangenheit und der fernen Gegenwart

Wofür braucht der Mensch einen »Wellnesswecker«? Wieso streben alle einen definierten Body an, aber sprechen ein undefinierbares Deutsch? Und wenn alle auf Stand-by sind, warum haben dann so wenige einen Standpunkt? – Indem er das Früher mit dem Heute vergleicht, rechnet Bernd-Lutz Lange mit dem Zeitgeist ab. »Es scheint mir, dass ich in eine Zeit geraten bin, in der vieles, was sich zum Teil über Jahrhunderte erhalten hat, nun verschwindet.«

Regelmäßige Informationen erhalten Sie über unseren Newsletter.
Jetzt anmelden unter: www.aufbau-verlage.de/newsletter

atb aufbau taschenbuch

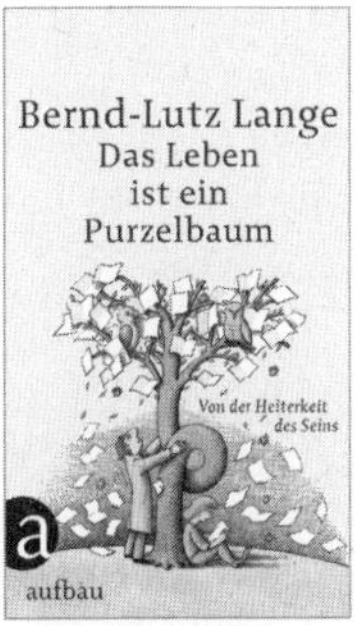

Bernd-Lutz Lange
Das Leben ist ein Purzelbaum
Von der Heiterkeit des Seins
382 Seiten. Broschur
ISBN 978-3-7466-2965-0
Auch als E-Book lieferbar

Die Heiterkeit des Seins

Von Mendelssohn bis Masur, von Ringelnatz über Reimann bis Rühmann, von Schorsch Mayer bis Wolfgang Mattheuer – hier kommen sie alle zu Wort. Der Autor und Kabarettist Bernd-Lutz Lange hat sich umgesehen in Geschichte und Gegenwart. Er hat nach Lutherscher Manier dem Volk aufs Maul geschaut, hat Literaten, Künstler und Wissenschaftler nach unvergesslichen Lebensmomenten befragt. Aus diesem reichen Material komponiert er eine Sammlung humorvoller, manchmal auch nachdenklicher Erzählungen und Anekdoten, die den Bogen von der Reformation bis in unsere Zeit schlägt. Bernd-Lutz Lange möchte seine Leser unterhalten, ihnen die Heiterkeit des Seins vor Augen führen – und das gelingt ihm auf diesem Spaziergang durch die Jahrhunderte ganz fabelhaft. »Lange begeistert als Beobachter der Zeitgeschichte.« Dresdner Neueste Nachrichten

Regelmäßige Informationen erhalten Sie über unseren Newsletter.
Jetzt anmelden unter: www.aufbau-verlage.de/newsletter

atb aufbau taschenbuch

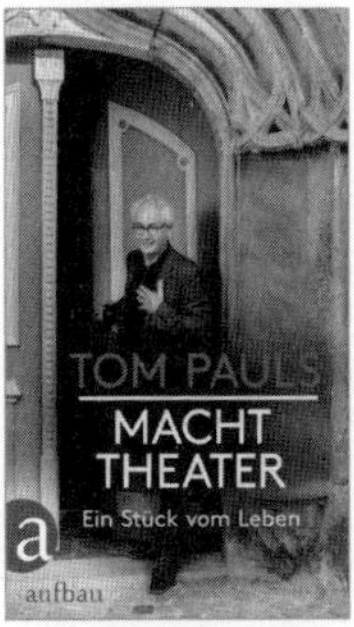

Tom Pauls, Peter Ufer
Tom Pauls - Macht Theater
Ein Stück vom Leben
247 Seiten. Gebunden mit Schutzumschlag
ISBN 978-3-351-03877-9
Auch als E-Book lieferbar

Erinnerungen eines legendären Theatermachers

Erstmals erzählt Tom Pauls von dem Moment, der ihn für die Bühne begeisterte, von Selbstzweifeln während seines Schauspielstudiums, den Widersprüchen vor 1989 sowie dem Neuanfang nach 1990. Noch nie sprach er so persönlich von den Höhen und Tiefen seiner Karriere, über die Rolle des Theaters in der DDR, die Ostalgie sowie gegenwärtige Katastrophen wie Elbe-Hochwasser und Corona-Pandemie. Ohne Herausforderungen ging es bei ihm nie. Aber mit Possen bringt er unverdrossen sein Publikum zum Lachen und macht immer weiter Theater.

»Der Kabarettist und Schauspieler füllt jeden Saal und spricht den Leuten aus Seele und Gemüt.« Stern

Regelmäßige Informationen erhalten Sie über unseren Newsletter.
Jetzt anmelden unter: www.aufbau-verlage.de/newsletter

aufbau